中层领导力白金手册

孟德凯 / 著

民主与建设出版社
·北京·

©民主与建设出版社，2018

图书在版编目（CIP）数据

中层领导力白金手册/孟德凯著.——北京：民主与建设出版社，2018.9
 ISBN 978-7-5139-1847-3

Ⅰ.①中… Ⅱ.①孟… Ⅲ.①领导学—手册 Ⅳ.①C933-62

中国版本图书馆CIP数据核字（2017）第296934号

中层领导力白金手册
ZHONGCENGLINGDAOLI BAIJINSHOUCE

出 版 人	李声笑
著　 者	孟德凯
出 品 人	一　航
出版统筹	康天毅　李　丹
责任编辑	程　旭
特约编辑	俞　芬　李　丹
封面设计	末　末
出版发行	民主与建设出版社有限责任公司
电　 话	（010）59417747 59419778
地　 址	北京市海淀区西三环中路10号望海楼E座7层
邮　 编	100142
印　 刷	天津旭丰源印刷有限公司
版　 次	2018年12月第1版
印　 次	2018年12月第1次印刷
开　 本	700mm×980mm　1/16
印　 张	15.5
字　 数	209千字
书　 号	ISBN 978-7-5139-1847-3
定　 价	42.00元

注：如有印、装质量问题，请与出版社联系。

目 录

前言

上下有对策,重新认识中层管理

上篇 向上管理,做上司倚重的下属

第 1 章

角色认知:定好位,不错位,莫越位 _3

1.1 五种角色:找准你扮演的最佳坐标 _4

1.2 死守定位:任何场合都不要代表上司发言 _10

1.3 行为规范:满足上司对你的角色期望 _13

1.4 三位一体:让你最正确地工作 _18

1.5 能力提升:成为上司的稀缺资源 _23

第 2 章

管理上司:把上司从领导变为盟友 _29

2.1 你要适应上司,而不是要上司适应你 _30

2.2 三种上司角色,三种管理剧本 _33

2.3 先摸清上司性格,再摸清上升通道 _37

2.4 不做炮灰,管理好上司的黑色情绪 _41

2.5 哈贝马斯沟通,疏通信息传递障碍 _45

2.6 用实际行动获得上司的信任 _50

第 3 章
请示方案：永远不替上司做决策 _55
3.1 事无巨细不行，越俎代庖更不行 _56
3.2 矛盾、问题、背景、意见，一个都不能少 _58
3.3 提供优选方案，只让上司做判断题 _62
3.4 分清主次，重点内容重点请示 _65
3.5 把握请示工作的有效沟通 _68

第 4 章
执行到位：没有 100%，一切等于 0 _73
4.1 没有失败的战略，只有失败的执行 _74
4.2 三个时间管理工具，别让执行毁于拖延 _78
4.3 高效协同，融合组织的整体执行力 _83
4.4 PDCAR 法则：计划、行动、检查、总结、备案 _88
4.5 建立注重结果的思维模式 _93

第 5 章
汇报结果：亮出自己，学会职场"显规则" _97
5.1 汇报能力决定你的职场曝光率 _98
5.2 最佳汇报时间与最优汇报方式 _101
5.3 汇报的原则、逻辑与结构 _106
5.4 真实而详细的数据 _112
5.5 演示工具展示最清晰的视觉 _117
5.6 学习麦肯锡的汇报方法 _122

下篇 向下领导，做下属信服的上司

第 6 章
目标管理：有方法，有技巧，有效果 _129

6.1 驴子与马：有目标不等于有好目标 _130

6.2 SMART 法则：具体、可衡量、可接受、有关联、有期限 _133

6.3 目标合理分类，层级不同执行不同 _138

6.4 用多权树法逐层分解目标 _143

6.5 4D 原则：立即做、稍后做、授权做、不做 _145

第 7 章
任务布置：走流程按标准，工作发布清晰 _149

7.1 按程序走：环环相扣，信息不偏差 _150

7.2 确立标准，明确规范要求 _154

7.3 参考工作派遣单，迅速提升执行力 _158

7.4 落实责任制，预防推脱 _161

7.5 利用工作日志进行反馈监督 _164

第 8 章
权力授控：向"一抓就死，一放就乱"说不 _169

8.1 授权有道，带出打不垮的铁血组织 _170

8.2 差异授权：按个人特点授权 _173

8.3 80% 授权法：不给全部的权力 _176

8.4 阿米巴：人人都是经营者 _179

8.5 别养"猴子"，逆向授权让上司变员工 _180

8.6 监督控制要到位，避免授权滥用 _184

第9章
考核辅导：别让不科学的打分制"杀死"员工 _189

9.1 没有科学的考核就没有科学的管理 _190

9.2 考核工具化：全方位、零死角、多层次 _194

9.3 流程表单化：建立标准，完善制度 _201

9.4 考核标准量化：公正、公平、有效力 _205

9.5 考核落地：考核结果反馈面谈 _209

9.6 事后辅导：找原因，分析总结改不足 _213

第10章
激励机制：激发工作动力，提高工作效率 _217

10.1 没有胡萝卜，连驴子也不会卖力干活 _218

10.2 物质激励：薪酬激励是最直接有效的手段 _221

10.3 精神激励：信任、乐趣、潜能、规划 _225

10.4 期望激励：用未来提高工作积极性 _228

10.5 满足激励：让激励与保健双因并行 _232

10.6 挫折激励：做"被打的亚当斯" _236

前言

上下有对策，重新认识中层管理

中层管理者在组织中的地位非常重要，既肩负着领导员工的责任，还承担着辅助上级的义务，兼有管理者与被管理者双重的身份。就是这种双重身份，让不少中层管理者认为自己是一块"夹心饼干"，上下都不讨好。

其实，这是一种错误的认识。一名优秀的中层管理者，即使是在"上下挤压"的环境中，也能游刃有余地工作，让自己成为上下级最需要的人，获得他们真心的认可。

作为中层管理者，事业能否成功，上司和下属都很关键。想要在事业上取得成绩，既要获得上司的赏识，还要得到下属拥戴，这就需要我们管理好自己的上司与下属。

管好上司的第一点，就是对自己有清楚的角色认知。你要在上司面前扮演什么样的角色？如何在各个场合都不越位？如何满足上司对你的期望？如何成为上司的稀缺资源，而不是可有可无的角色？这些都需要中层管理者一一去掌握。

管好上司的第二点，是要学会与上司相处。如何让自己去适应不同性格的上司？如何摸清上司的脾气？如何利用有效的沟通技巧来消除与上司之间的信息障碍？如何用实际行动去获得上司的肯定？这些都是管理上司的过程中必不可少的部分。

管好上司的第三点，是要学会请示与汇报工作。请示工作说方案，汇报工作说结果。请示工作时不要替上司做决定，而是提供三种及以上的方案让其选择；汇报工作时不要废话连篇，而是要根据上司的需要直接说结果。这些都需要中层管理者重点学习。

有人说："70%的优秀员工都是被中层管理者折磨走的。"中层管理者之所以会背负这种"罪名"，追根究底还是因为不懂得如何去管理下属。做好目标管理，是中层管理者领导下属、管出好成绩的第一步。

给下属布置任务后，还要授予下属相当的权力。任务布置得是否清楚？是否有标准？是否落实了责任？这些都是员工能否高效完成任务的关键。而在员工获得相当的权力后，如何保证权力不会被员工滥用？这就需要中层管理者掌握授权、控权的方法。

考核辅导，是现代公司管理的必备元素。一名中层管理者如果无法设计出一个完善的考核辅导方案，那么如何保证员工能完成你布置的工作？而你又如何成为那个优秀的中层管理者？

有考核，必然有激励。激励机制设计得越完善，考核的结果就越能让中层管理者满意。因为完善的激励机制可以有效提高员工的工作积极性，员工工作越积极，其考核结果必然也就越好。"铁打的营盘，流水的兵"，中层管理者唯有做好组织管理的工作，整个团队的工作效率才会提高。

管理好上司、领导好下属，中层管理者就不会成为"夹心饼干"，而是成为上司与下属"最需要"的人。

上篇

向上管理，
做上司倚重的下属

第1章
角色认知：定好位，不错位，莫越位

　　对于中层管理者来说，要使自己在公司中发挥应有的作用，被上司重用，首先必须认识自己，认识自己作为一个中层管理者对公司、对上司的作用。只有明确自己的角色，才能更好地发挥自己的作用。

1.1 五种角色：找准你扮演的最佳坐标

作为一个承上启下的中层管理者，在实际的工作中经常需要转换角色，而做好角色转换的前提条件就是要认清自己扮演什么样的角色，以及这个角色的功能与作用。如此，才能成功游走于各个角色之间，保证自己的角色不会出现偏差与混乱，影响上司对你的观感。

1.1.1 忠于信仰的"布道者"

每个企业都有自己的愿景、价值观，中层管理者的责任与义务就是去理解甚至是创造、提升公司的价值观，并将之传递给自己的员工，做一个"布道者"。

阿里巴巴的公司文化打造得非常成功，中层管理者在其中起到了非常重要的作用。那么，阿里巴巴的中层管理者是如何做好"布道者"这个角色的呢？

借物管心。阿里巴巴会赋予某个事物或者行为一个物语，以此来与员工进行精神上的沟通。淘宝的所有员工都要学会倒立，这么做的目的就是想让员工在工作中能够逆向思考。比如，在想不出更好的营销方案时，中层管理者就会进行倒立；如果发现员工在工作上有问题想不通，中层管理者会主动找员工，让员工和自己一起做倒立，倒立之后，再与员工一起讨论该怎么解决这个问题。把"倒立的行为"和"实际问题的解决"融合到一起，而不是倒立做完了，又让员工自己回去解决这个问题。

不做"卫道者"，做"布道者"。企业愿景、价值观的传播需要在公司内部形成一定的传播机制。所以，中层管理者不应该是"卫道者"，而应该成为"布道者"。譬如，阿里巴巴的新员工如果对阿里文化并不认同，阿里巴巴的中层管理者不会去批评他，而是会带领新员工去参观公司，给新员工讲述阿里巴巴的故事，讲述其他员工的故事。

阿里巴巴在公司文化传播上还设置了很多特别的机制，不管是哪一种机制，中层管理者都在其中起到了非常重要的作用。

1. 中层管理者与普通员工的关系

为什么中层管理者必须扮演好"布道者"的角色？因为相比于高层领导，中层管理者更接近普通员工。中层领导几乎时刻都和普通员工在一起，他们了解普通员工的日常工作状态，懂得普通员工的心理。另外，很多中层领导都是从普通员工做起的。所以，相比于高层领导，他们更理解普通员工。

因为中层管理者与普通员工的特殊联系，高层领导也希望中层管理者能代替自己做好公司价值观、经营理念的传播，让公司的凝聚力得到进一步加强。

2. 中层管理者对传播责任的认知

普通员工对公司愿景、价值观、经营理念的认同对公司来说很重要。而作为"布道者"的中层管理者，在公司中的地位也是无可替代的。

可是，面对这么重要的责任，一些中层管理者并不知道自己到底该怎么做，因此，他们常常把"布道者"变成"卫道者"。这导致的结果往往是，员工对中层管理者产生厌烦情绪，上层领导对其失望。

那么，中层管理者该如何做好"布道者"的角色呢？其必须对以下三点有清醒的认知（见图1-1）。

忠于组织：明确自己对事业有极大的责任与义务，这并不是一个人的事情

高执行力：在传递企业的愿景、价值观时，必须快速及时，并确保效果

方式有用：不能以教导式传递企业的价值观，而要以最通俗、员工喜闻乐见的方式进行

图1-1 中层管理者的三点认知

1.1.2 懂分寸的"属臣"

古代的皇帝最忌讳什么?"藩王"拥兵自重。同理,在公司管理中,高层领导者也忌讳这种员工。中层管理者一旦被上司认为自己是拥兵自重的"土皇帝",结果肯定是被"释权削藩"。

高层领导赋予你权力,是为了让你管理好部门,使天下"安定"。要做好中层管理者,获得上司的长久信任,就一定不能把自己变成"土皇帝",而是要做懂分寸的"属臣"。

某一英语单词练习APP的负责人在这一点上就把握得非常好。为了能让该APP有更好的发展,公司把该业务全部交给了技术部主管来负责。技术部主管并没有因为拥有了权力而沾沾自喜,认为自己可以主导并决定该APP的全部事情。在一些小事情方面,该负责人并不会向上级请示。但是,如果遇到了需要增加新功能等大问题,他就会向上级请示。不事事申请,也不妄自尊大,该技术部主管非常完美地扮演了一个懂分寸的"属臣角色"。

那么,中层管理者们如何才能成为一个懂分寸的"属臣"呢?可以按照以下三个方面进行(见图1-2)。

图1-2 做懂分寸"属臣"的三个要点

1. 别过分看重自己的级别

一些中层管理者特别看重自己的级别,喜欢被别人称为"某总",喜欢在员工面前展现自己的优越感。而且他们通常自我感觉非常良好，常常在上司做好工作安排后，擅自改变上司的决定。而有些中层管理者则相反，不仅跟下属打成一片，对上司的各项安排也认真执行，遇到问题及时请示汇报。

2. 别用级别看待遇

很多中层管理者会认为："我既然坐到了这个位置，那我的薪资福利肯定也要达到一定的水平。"中层管理者在要求高福利、高薪资之前，应当先想想自己是否做好了这个级别应做好的工作、是否无愧于公司授予的这个职位。

3. 不要认为自己才是专业者

"术业有专攻"，确实是真理，但是"恃才傲物，不懂得山外有山，人外有人"，那就大大地错了。很多中层管理者都会犯这个错误，认为在这个部门，没有人比自己更专业，上司什么都不懂，就不要指手画脚。

这种想法是职场大忌，先不说上司懂不懂，即使只是一个旁观者提出了建议，我们也不能摆出这种态度。如果觉得上司说得不对，那么就要说出自己的理由来，而不是抱着"你懂什么"的心理。

1.1.3 能变通的"谏臣"

一个中层管理者要负责的工作有很多，包括人事关系、计划制订、关于全局的决策、相关的执行活动等。而这些工作要顺利开展，就必须得到上级领导的支持与帮助。所以，中层领导一定要懂得适时向上司提出建议，让上司认同你的想法。

《英语流利说》是一款英语口语练习软件。有一段时间，《英语流利说》推出了韩语、日语等其他语言的口语训练。在推行新项目的过程中，一个主管发现，这些新项目使用的用户并不多，而且还加大了技术人员的工作量，同时，英语项目的服务质量也受到了影响。

该主管认为还是应该专心把英语项目做好，其他的语言项目可以暂停。但是，推出新项目是公司领导拍板决定的，如果自己提出这个建议，会不会被领导不认可呢？经过深思熟虑后，该主管仍然决定提出这个建议，并采用了书面报告的形式，把原因、相关数据都陈列上去，以事实来说服领导。最终，该主管的建议被采纳了。

在发现公司决策错误时，中层领导要敢于提出自己的想法。但在提建议时，也要注意方式、方法，以下是要注意的三个技巧（见图1-3）。

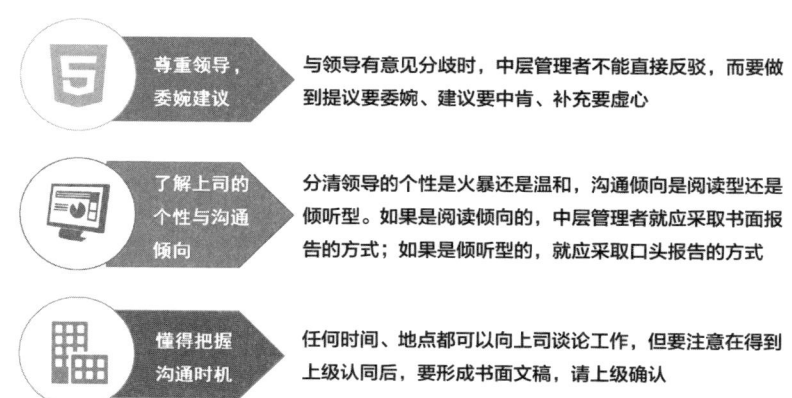

图1-3 做能变通的"谏臣"的三个技巧

1.1.4 会平衡的"传话筒"

高层管理者委托中层管理者履行管理职能，是因为他信任你，相信你能担负起相关的责任，为自己分忧。但在现实工作中，有些中层管理者因为深得员工的信赖和拥戴，就以为自己是"民意代表"，总是扮演"我站在群众这边"的角色。当高层领导制定一个新政策时，总是跳出来反对，并申明"我所提出的都是群众的呼声"。

这类中层管理者忽略了一个问题，你的管理者职位不是由员工选举产生的，而是由上级任命的，你的行为必须对公司和上司负责，你要给上司解决麻烦，而不是制造麻烦。

那么，中层管理者如何才能做到双方的平衡，既能为上司分忧，又能获得下属的拥戴呢（见图1-4）？

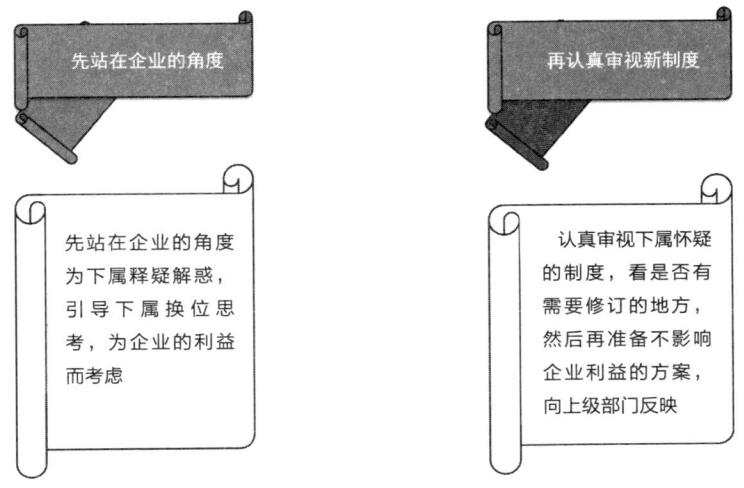

图 1-4 做好会平衡的"传话筒"的两个技巧

一家电器制造公司推出了一款新的手机产品,为了做营销宣传,公司要求员工买这款手机。公司刚提出这个要求时,有不少员工表示反对,但最后员工们都按照公司的要求做了。

在这个过程中,该公司并没有采取高压政策,而是让中层管理者把要做这件事的原因一一分析给大家听,让他们明白这是一种营销手段。员工购买公司的手机,公司也会给员工相应的补助。最后,员工们被说服了。

在此事件中,该公司的中层管理者先是站在公司的角度来说服员工,再站在员工的角度,告诉此事不会对他们有影响,做到了双方的平衡。

1.1.5 严于律己的"模范者"

中层管理者既要履行管理的职责,又要在工作中执行具体的工作事务,因此,中层管理者必须一丝不苟,让上司看到你是个认真工作而且会工作的"模范者",可以在组织中起到带头作用。要知道,一个组织的领导风格会决定整个部门的工作风格。如果领导漫不经心,不懂得自我约束,那么,下面的人自然也就有样学样。所以，要让上级认可自己，相信自己能为他带好部门，就要做一个严于律己的"模范者"。

中层管理者要扮演好这个角色，就要做到以下三点（见图1-5）。

图1-5 做严于律己的"模范者"的三个要点

1.2 死守定位：任何场合都不要代表上司发言

《易经》有云："持经达变，明象位，立德业。"其中"象"是指环境、现象；"位"是指位置、定位。这放在公司管理中一样适用，说明中层管理者的定位很重要。随着公司不断发展变化，组织结构的扁平化趋势也越加明显。中层管理者在受到高层领导重视的同时，也面临着许多困惑和挑战。而如何守住自己的定位，做到到位而不越位，是中层管理者所面临的最大挑战之一。

1.2.1 避开与上司的职权重叠

"各司其职,故天下方能大治。"权利和责任主体如果不明确、越级行使职权,对权威、纪律与组织的稳定性都是一种威胁。

我们可以通过一个案例来了解中层管理者该如何避开与上司的职权重叠。

一家互联网公司要开发一款新产品,指定一个副总为研发总监,负责协调程序设计部门、市场调查部门完成产品开发。工作流程是先让程序部门设计出小样,再交由副总初步审核后由运营部门试运营,最后由市场部门反馈市场效果。

程序设计部门的经理是个急性子,由于时间紧迫小样还未全部完成,他就将小样交给了副总。副总审批没过,他就将小样返给研发部。其间由于忙其他事情,副总未及时跟进此事。而在这期间,程序设计部门的经理因为没有得到副总的回复,怕耽误项目进度,就直接联合运营部门做完了试运营。在整个过程中,副总没有产生任何作用,等于直接被架空了。但是,副总知道这件事情后,并没有感激程序设计部门经理,认为他帮了自己的忙,避免了项目的延时,而是责备他越权。

在这个案例中我们可以看到,程序设计部门经理的行为虽然帮助公司避免了项目延时,但是,他有明显的越权行为。得不到副总回复,可以多次提醒副总,而不是擅自做出试运营的决定。如果人人都像这个程序设计部门的经理一样,公司的管理就会出大问题,给公司造成非常负面的影响。

1. 明确自己和上级的定位

通常来说,高层管理者处于统领全局、协调指挥的位置,负责整个组织的决策工作。而中层管理者是上司的助手,一般只担负某一方面的直接指挥与协调的任务。由于高层管理者统领全局,因此非常容易与负责具体工作的中层管理者产生职权重叠,从而造成矛盾。

因此,作为中层管理者,首先得弄清自己的职责。如果与上司意见不一致,一定要顾全大局。

2. 懂得权职交叉产生时的处理方法

在职权发生明显的交叉与重叠时,中层管理者应做到以下三点(见图1-6)。

图1-6 避免与上司职权重叠的三点技巧

1.2.2 不要轻易越"雷池"

在其位要谋其政，不属于自己的职责范围，不可轻易越雷池。中层管理者可按照以下五点来做：

第一，不是上司安排给自己的工作，尽量少插手、不插手。

第二，如果上司没有吩咐，在任何场合都不能代表上司发表意见。

第三，遇到自己不熟悉的工作时要多请示，否则，往往会不自觉地发生越权行为。

第四，不排除有些上司会下放自己的某些权限，把本属于自己职责范围内的一些工作交给中层管理者。此时，作为中层管理者，就一定要把工作完成。

第五，替上司行使职权，一般都是在特殊的情况下。一旦特殊情况消失，中层管理者就要立即把权力交回，迅速回到自己的位置。

布什当副总统时就非常懂得要避免与上级的权职重叠。1979年，布什竞选总统失败后，担任里根政府的副总统。为了取得总统的信任，布什为自己制定了五项基本原则，列为首项的就是"明确自己作为副总统的工作权限"。

里根就职不久，就发生了枪击事件。当时布什正在堪萨斯州察访，一位军官建议布什的飞机直接在白宫的南草坪降落，这样就可以保证他及时出现在电视屏幕上，向公众宣布副总统正在领导美国。但是，布什否决了这个建议，他说："只有总统的飞机才能在南草坪着陆。"

布什非常懂得下级的权限，绝不会超出自己的职权范围。也正是秉持这个原则，布什在里根政府担任了八年的副总统，积累了丰富的经验，同时也赢得了总统与共事者的支持。后来，布什成为美国的第四十一任总统。

从这个案例中，我们可以明白，不管在什么样的工作环境中，身为中层管理者，一定要明白自己的定位。在没有授权的情况下，不在任何场合代表上级发言，任何场合下都不越权。唯有如此，我们才能获得上司的肯定。

1.3 行为规范：满足上司对你的角色期望

中层管理者是公司任命的，公司必定对每一位中层管理者都有所期望与要求。所以，要成为一个受赏识的中层管理者，就一定要想方设法去满足公司、满足上司对自己的角色期待。

1.3.1 明确公司目标，界定自己的使命

中层管理者要想满足上司对自己的期待，首先就要分析公司的使命、愿景，搞清楚自己要采取哪些行动、做出哪些贡献，才能符合上司的期待。我们可以通过一个案例来了解一下"如何通过确定公司目标来界定自己的使命"。

小叶是一家软件公司新上任的项目经理，他明白，自己能坐上这个项目经理的位置，是因为得到了上司的举荐。上司既然会举荐自己，就表示他对自己非常信任。为了不辜负上司的信任，小叶希望通过自己的高绩效来回报。但是，小叶才刚刚坐上这个位置，上司并没有对小叶做出具体的业绩要求。为了能清楚自己即将背负的使命，以便自己有更充裕的准备时间，小叶采取了如下的方法（见图1-7）。

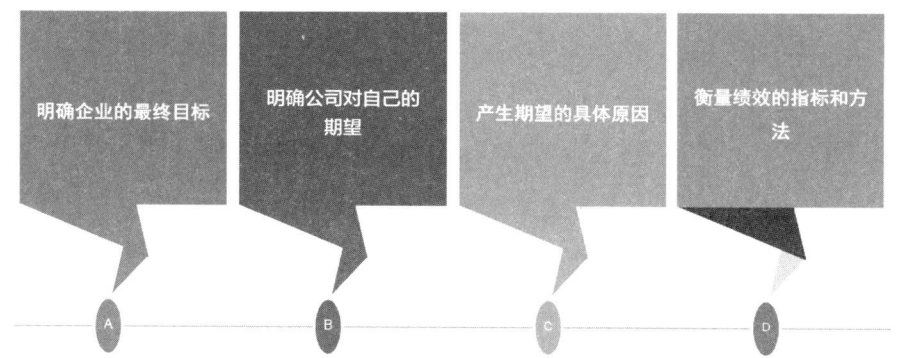

图1-7 小叶界定自己使命的方法

为什么小叶要采取图1-7的方法来确定自己需要完成的业绩？因为只有当中层管理者认真思考公司的目标，积极地参与有关目标的讨论时，才能够清楚上司对自己的期望。

中层管理者必须了解公司的整体发展目标，才能明确自己需要达到的绩效指标。中层管理者的个人绩效是建立在公司整体绩效的基础上的。同时，其上司也得根据公司的整体目标来判断中层管理者的个人绩效。更为重要的是，个人绩效完成得如何，是确定中层管理者是否满足了上司对他角色期待的重要评判标准。

1.3.2 明确个人在公司中的作用

中层管理者处在高层管理者与基层员工之间，是联系公司高层管理者与基层员工的桥梁和纽带，承担着公司决策、战略的执行以及基层员工与高层管理者之间的沟通的责任，是公司的中坚力量。因此，公司希望中层管理者能够起到以下三个作用（见图1-8）。

图1-8 中层管理者需起到的三个作用

1. 战略执行者作用

中层管理者所处的中间位置，决定了他们作为公司的战略执行者的地位。上司负责战略决策，而中层管理者负责执行。正确的决策与有效的执行是公司成功的关键，两者缺一不可。而作为决策的执行者，中层管理者要不断地提高自身的执行能力，满足公司对自己的期待。

2. 战术制定者作用

随着公司的不断发展，公司高层的战略决策实施速度和落实能力也需要不断地提升。对于公司中层管理者来说，不仅要严格地执行和组织实施公司高层的决策方案，还要懂得如何发挥自己作为领导者的影响力，要通过有效的战术决策，提高公司战略的实施效率和效果。也就是说，公司高层对中层管理者的期待，不仅希望他是一名高执行力的员工，更希望他是一名有影响力的领导者。中层管理者必须立足于公司和自己所负责部门的全局，通过有效的领导行为，帮助上司尽快实现他所制定的战略目标。

3. 高层与基层之间的桥梁作用

中层管理者是高层与基层之间的桥梁，需要起到两个方面的作用：第一，向普通员工传达高层做出的决策；第二，将普通员工在实施过程中发现的问题反馈给高层管理者。

1.3.3 中层管理者绝不能有的四个问题

中层管理者作为公司的中流砥柱,肩上所负的责任非常重大。因此,公司对中层管理者的挑选非常严格,一旦中层管理者出现问题,公司就会立即采取措施。

我们可以通过一个案例来了解有哪些问题是中层管理者绝对不能有的。

一家化妆品公司刚刚经历了人事变动,撤换了四个部门经理。那么,为什么这家公司要一下子撤换四个部门经理呢?

行销部经理本是该化妆品公司行销部的一个员工,因为业绩出色,所以被提拔为行销部经理。可是,在他担任经理的两个月里,有不少员工向总经理反映他太过严格,管理缺乏人性化。

广告部经理策划了不少好广告,不仅在策划上有创意,在设计方面也非常有才华,因此,他对员工的要求也非常高,常常驳回员工的建议。可是,员工却认为他刚愎自用,说话也不懂得尊重人。

员工总务部经理非常大方,员工去总务部领取物品时从来不会被刁难,而且有时还能多领些物品出来。可是,公司在核查支出的时候发现,该经理任职期间,公司支出比原先高出了一倍,且是在公司没有扩大发展规模的情况下。

研发部经理负责新产品的研发工作。该经理在完成自己的工作后就下班,很少与员工沟通。对于员工间发生矛盾,他一般都不管,而是让其自行解决,给员工安排的工作也不合理,还因此,耽误了新产品的研发进度。

从这个案例中,我们可以看出中层管理者绝不能出现的四个问题(见图1-9)。

1. 角色转换速度慢,管理能力差

大多数的中层管理人员都是从基层员工走向管理岗位的,缺乏一定的管理经验和技能,自身的岗位角色转换也需要一定时间。但是,高层领导任命你为中层管理者,就是对你能力的认可。如果在一定时间内你对自己的角色还转换不过来,不懂得如何管理部门,无法帮助上司分担工作,那么,你在这个职位就可能做不长。作为中层管理者,不仅要提高自己的工作业绩,也要考虑到员工的特殊情况，要把握全局，而不是从个人角度出发。

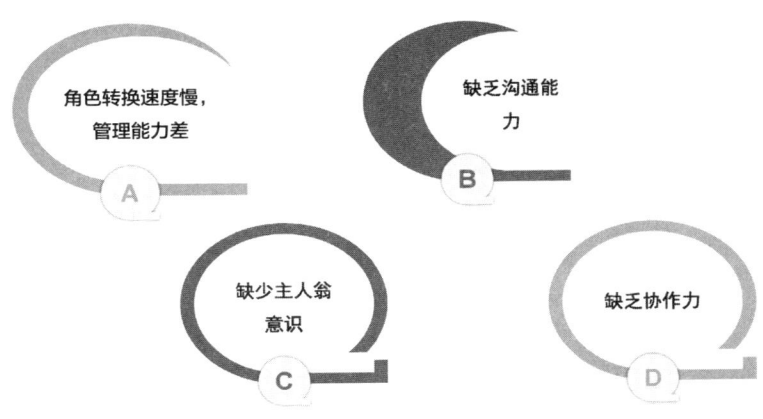

图1-9 中层管理者不能存在的四个问题

2. 缺乏沟通能力

很多人业务能力很强，但沟通能力差。中层管理者的职位与基层员工不同，中层管理者需要带领整个团队。如果中层管理者的沟通能力差，就无法更好地领导整个团队，员工对中层管理者也会产生不满情绪，这是高层领导最不希望看到的。广告部经理就是因为只懂专业的知识，却不懂沟通的技巧，所以招致员工的不满。

3. 缺少主人翁意识

很多中层管理者认为自己在公司中只是一个小角色，与高层领导无法相比，缺乏主人翁意识，总认为自己是在为别人工作。如果中层管理者有了这种意识，基层的工作就很难做到位。总务部经理虽然与同事相处融洽，却没有考虑到公司利益。他只想，反正东西是公司的，花的是公司的钱，自己没有什么损失，让大家多申请点儿日常用品也没什么关系。这就是缺乏主人翁意识的表现。

4. 缺乏协作力

一个具有协作力的中层管理者能平衡组织内的各种关系，能利用各种激励方案使他们全力以赴地工作，能够很好地消弭组织成员间的不满，使之能相互合作。所以，要想成为一名被上司赏识的中层领导，协作力是必备的素质。研发部经理只关心自己，不懂得关心员工，更不懂如何安排员工的工作，缺乏协作能力，因此导致组织缺乏向心力。

1.4 三位一体：让你最正确地工作

中层管理者如何才能做好工作？很简单，就是要做到"三位一体"。"三位一体"是指：中层管理者要根据场合定位自己所要扮演的角色；与上司处理问题时要懂得换位，能站在上司的角度思考问题；实际工作要做到位，上司安排的工作要做。能做好这三点，就能做好自己的工作，获得上司的肯定。

1.4.1 扮演角色要定位

中层管理者除了要在上司面前扮演好布道者、属臣、谏臣、传话筒、模范者这五大角色外，还需扮演好领导者的角色。如此才能把工作做好，真正地获得上司的肯定。

亨利·明茨伯格认为管理者需要扮演好十种角色，中层管理者只有明白自己应该定位于十种角色中的哪一种，才能把工作做好。根据管理者十种角色的性质，可分为以下三个类别（见图1-10）。

1. 人际方面的角色

人际方面的角色，主要可以分为三种，分别是代表人、领导者和联络者。

（1）代表人角色，是指一些具有礼仪性质的角色。例如客户来访，以部门代表人身份来欢迎客户。

（2）领导者角色，是指中层管理者与员工一起工作，带领整个部门完成工作任务。比如，上司要求程序设计部门在一个月内设计好公司网站，此时，程序设计部门主管就要带领大家完成这项工作。

（3）联络者角色，是指中层管理者与上司、组织内成员一起工作，与外部利益相关者建立关系时所扮演的角色。也就是说，在上司和员工间传递信息，在公司内部与公司外部之间担任联系人。

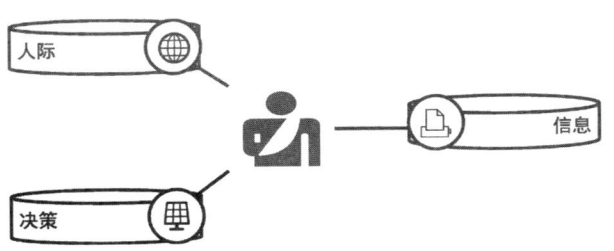

中层管理者在人际关系方面，需要扮演代表人角色、领导者角色、联络者角色；在信息方面，中层管理者要确保下属能够得到相关的信息，需要扮演监督者角色、传播者角色、发言人角色；在决策方面，中层管理者负责角色决策、分配资源以及保证决策的实施与落实，需要扮演企业家角色、资源分配者角色、冲突管理者角色以及谈判者角色

图1-10 亨利·明茨伯格提出的管理者角色三大分类

2. 信息方面的角色

信息方面的角色，主要可以分为三种，分别是监督者、传播者和发言人。

（1）监督者角色，是指中层管理者需要持续关注内外环境的变化，以获取对组织有用的信息。如通过员工或者个人的关系网来获取新的信息，然后根据所获得的信息识别组织或公司内潜在的机会和威胁。

（2）传播者角色，是指中层管理者要传播担任监督者时所得的信息，保证组织成员能有足够的信息支持工作的顺利进行。

（3）发言人角色，把信息传递给组织以外的人，让相关者了解并认可。

3. 决策方面的角色

决策方面的角色，主要分为四种，分别是企业家、资源分配者、冲突管理者和谈判者。

（1）企业家角色，是指中层管理者在特殊情况下，也需要担任企业家的角色，对自己担任监督者时发现的机会进行投资。例如发现一个对公司有利的新技术时，中层管理者就可以向上司提起申请，获得批准后引进。

（2）资源分配者角色，是指中层管理者有权力决定组织内的各种资源用在哪些任务计划上。比如一个网页任务，中层管理者可以安排懂程序设计的人来设计程序，懂美术设计的人来负责网页美化任务。

（3）冲突管理者角色，是指中层管理者在组织运行中遇到问题时，需要承担解决问题的责任。譬如组织成员之间发生冲突、外界对组织攻击时，中层管理者需要去解决这些矛盾等。

（4）谈判者角色，是指中层管理者有权力与包括员工、供应商、客户以及其他合作者进行谈判，以确保任务的顺利进行。

这十种角色是一个完整的体系，它们是相互联系、密不可分的。中层管理者需要在不同情境下分饰不同的角色，而不是说扮演了其中一个角色，就要放弃其他九个角色。

1.4.2 处理问题要换位

有不少中层管理者常常要求员工："你要学会换位思考，站到我的立场来想问题，要具有全局观。"那么，中层管理者在面对自己的上司时，该如何做到换位思考呢？

有一次，戴尔·卡耐基在报上刊登了一则聘请秘书的广告，收到了近三百封求职信。但是，求职信的内容都差不多，大家都是介绍自己的情况，然后表达希望得到这份工作的愿望。

只有一封信的内容很特别。写信人在信里并没有谈到自己想争取的薪资，而是这样说的："敬启者：您所刊登的广告可能已经引来几百封回函，我相信您一定很忙碌，没有时间一一阅读。您只需要打个电话，我很乐意前来帮您整理信件。如此，您就可以节省更多的时间去处理其他更为重要的事务。"卡耐基看完后，马上录用了写这封信的求职者。卡耐基说："像她这样的求职者，永远不用担心找不到工作。"

这位求职者为什么能在近三百名求职者中脱颖而出？很简单，就是因为她懂得换位思考，她让卡耐基看到了自己能体谅他的繁忙。

中层管理者如果想获得上司的青睐，就要像这位求职者一样懂得换位思考。那么，具体应该怎么做呢？

1. 找到上司关注的问题

中层管理者可以设想这么一个场景，上司布置一个工作后，他会关注哪些问题？找出这些问题，然后站在上司的角度去思考这些问题的答案。上司一般会关注三个问题：一是任务预期效果；二是细节问题；三是人、财、物的权力是否掌控在自己手中。

2. 针对上司关注的问题进行处理

针对这三个问题，中层管理者在面对上司时，可按照以下方法进行：一是先把事情结果汇报给上司，然后再向上司详细叙述完成任务的过程；二是尽量用量化的结论，不要用可能、大概之类不确定的词向上司做汇报；三是把最终的决策权交给上司，让事情在他的掌控之中。

1.4.3 实际工作要到位

同样是中层管理者，为什么别人能得到上司的青睐，而你却不能？谁能把工作做到位，谁就能获得上司的肯定，获得更多的发展机会。

把实际工作做到位到底有多重要？我们可以通过一个小故事来了解一下。

一个农夫早起去耕田，当他到了田里后，发现犁田机没有油了，自己也没准备备用油。原本想立刻去加油，但又想到家里的猪没喂，他又跑回去喂猪了；经过仓库时，农夫看到马铃薯，又想到马铃薯快要发芽了，于是，猪没有喂成，他又去地里种马铃薯；去种马铃薯的途中，农夫看到路边的干柴，想到家里没柴了，又跑到山上去砍柴……这样来来回回，想起一出是一出，没有一点计划性，本来一天就能干完所有事情，结果农夫最后只干完了砍柴这个最不重要的事情。

农夫没有完成任务的根本原因,就是他没有做好计划。什么时候该做什么、不该做什么,什么事情最紧急、什么事情可以放在后面做,他都没有计划。所以,最后他只完成了一个最不重要的任务。

那么,中层管理者如何才能避免像农夫一样,把自己的工作做到位,让上司满意呢?可以按照以下的方法进行(见图1-11)。

图1-11　把工作做到位的四个要点

1. 我必须做什么

中层管理者要明白什么事情是自己必须做的。这个问题并不是说"我想做什么",而是"我必须做什么"。在回答这个问题时,中层管理者要列出一个紧急任务列表,然后按照列表,优先完成最紧急的任务。完成这个任务后,再重新设定完成任务的优先顺序,而不是紧接着解决原来清单上的第二个任务。之所以要重新设定任务清单,是因为工作中常常会出现紧急任务,原来的计划表已经不符合实际情况。

2. 我的决策是否符合公司利益

中层管理者要清楚,如果想让自己的决策获得上司的认可,就要看看这个决策是否对公司、对上司有利。

3. 制订行动计划

中层管理者最重要的任务就是执行。因此,在付出行动前一定要规划好执行路线。中层管理者在制订计划时要考虑几个问题：一是行动的结果如何；二是在执行计划的过程中可能会遇到的困难；三是如何在执行的过程中根据实际情况做出修改；四是检查计划结果的时间点如何设置。

4. 把计划转化为行动

把计划转化为行动时，中层管理者必须特别注意两个方面（见图 1-12）。

承担决策责任
谁对决策的执行负责
最后期限
哪些人会受到决策的影响
必须把决策通报给哪些人
这些人必须知道、理解和赞成这个决策

承担沟通责任
中层管理者要与同事分享自己的计划，征询他们的意见，要让每个人知道完成任务都需要哪些信息

图 1-12　把计划转为行动时需考虑的两个问题

优秀的中层管理者都有一个共通点，就是他们都能把"实际工作做到位"，并懂得"把工作做到位"的方法。

1.5 能力提升：成为上司的稀缺资源

什么样的中层管理者才会受到上司的喜爱？有人说忠心耿耿。忠心肯定得有，但光有忠心还不够。能力？这也是必需的，没有能力的人，上司也不可能让他担任自己的助手。但这些还不够。真正的答案是成为上司的稀缺资源。意思就是，让上司很难找到像你一样能帮他解决各种问题，又忠心耿耿的员工。如此，你才能受到上司的喜爱。

1.5.1 必备的五项稀缺元素

要想成为上司的稀缺资源,中层管理者们就要先看看自己是否具备了以下这五项稀缺元素(见图1-13)。

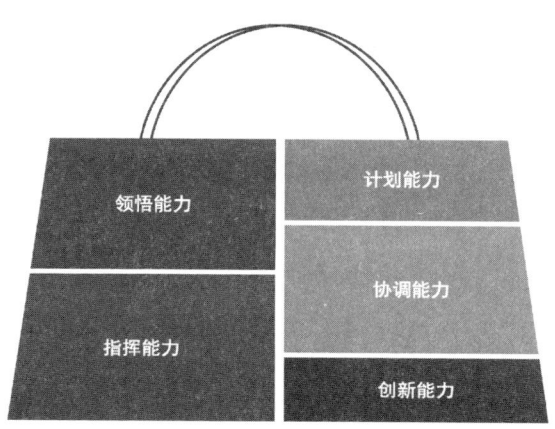

图1-13 中层管理者必备的五项稀缺资源

1. 领悟能力

中层管理者们在完成上司交代的工作前,是否能明白上司的想法?是否了解上司希望你用什么方式完成这项工作?了解清楚后,以此为目标来把握工作的方向。否则,就会"吃力不讨好"。所以,具备高度的领悟能力,是中层管理者必备的首要能力。

2. 计划能力

中层管理者在执行上司安排的任务时,要把各项任务按照轻重缓急列出一个计划表,一一分配员工来承担,自己掌握整体效果即可。中层管理者要把更多的时间和精力放在组织未来的发展上。同时,还要去思考每一天的计划。

在计划实施的过程中,中层管理者要预先掌握关键性的问题,不要因为琐碎的、没那么重要的工作,而耽误了关键的工作。计划能力是一个中层管理者必备的技能。

3. 指挥能力

指挥能力，是上司评判一个中层管理者是否具有领导力的重要标准之一。上司把组织交给你，是希望你能管理好组织，希望你能带领组织有效地执行计划。如果中层管理者缺乏这种能力，就会造成计划延迟、组织混乱。

同时，中层管理者在指挥员工时要考虑到两点：一是考量工作分配问题，要时常检测员工与工作的对应关系；二是考虑指挥时所用的语气是否得当，目标描述得是否明确。

4. 协调能力

身为一个组织的领导，中层管理者必须具备高超的协调能力。要做的协调工作不只包括内部上下级、部门与部门之间的共识协调，还包括与外部客户、关系单位、竞争对手之间的利益协调。

5. 创新能力

要成为上司的稀缺资源，除了具备以上的这些能力外，最重要的是要具备创新能力。创新能力的表现形式主要包括发展战略上的创新、产品服务上的创新、组织与制度的创新、营销方法的创新等。

1.5.2 能力提升越高，稀缺性越强

这个世界是发展变化的，上司的需求也在不断发展变化。所以，中层管理者如果想一直成为上司的稀缺资源，就要不断地提升自己的能力，以满足上司不断变化的需求。那么，中层管理者该如何提升自己的能力呢？

1. 不同的中层管理者能力提升个性法则

每个中层管理职位提升的方法都不同，现在我们可以看看在某国企担任财务经理的刘星宇是如何提升自己的技能的（见图1-14）。

第一步，跨部门跨职位协调。刘星宇没有仅仅局限于财务部的工作，而是做很多跨部门跨职位协调的事情，这样可以帮助上司分担很多工作，也能有效提升自己的协调沟通能力。

第二步，锻炼自己的数据分析技能。刘星宇为了提高自己的数据分析能力，就对获取的信息进行提炼。因为他知道公司所有活动的最终结果都会在财务数据上体现出来，在面对这么庞大的财务数据时，上司自然希望呈现在自己面前的报告是精准清晰、简单易懂的。

第三步，不断地挑战和验证方案。当上司拿出方案时，刘星宇会进行系统分析，并给出自己的意见。同时，他还会挑出其中的不足之处，使方案更加合理。比如，这项活动的支出太高，收入和付出不成正比，因此没有举行的必要。那么，刘星宇就会建议换成另一种成本较低的活动。

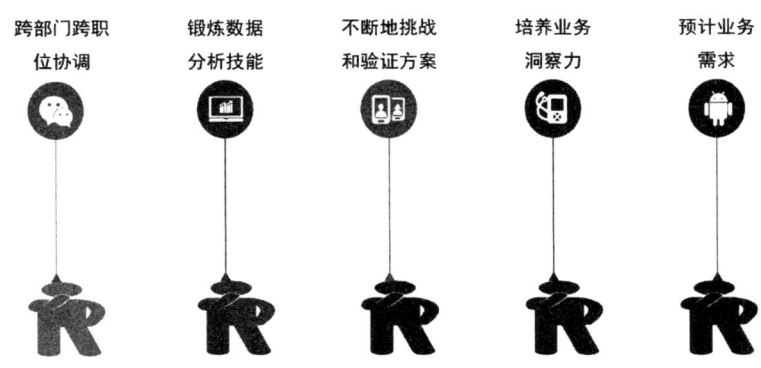

图1-14　财务经理能力提升法

第四步，培养自己的业务洞察力。刘星宇总觉得自己对业务不够了解，对数据变化也不够敏感。为此，他与多个业务部门进行联系，在闲暇时去业务部门轮岗，了解每个岗位的工作流程。

第五步，预计业务的需求。财务能够预见业务变化所带来的一系列影响。因此，刘星宇在平常的工作中，除了会思考财务部人员与架构配置之外，还会去思考公司管理即将面临的一系列挑战，并做出相应的规划。刘星宇深刻地明白一个道理："一个优秀的财务人员要懂得未雨绸缪，从财务的角度对业务进行调整，并做出事先的规划。"

2. 中层管理者能力提升通用法则

中层管理者能力提升的通用法则，主要包含了以下三个方面（见图1-15）。

（1）自我认知要客观

有效提升能力的前提，是中层管理者对自己有足够且客观的自我认知，知道自己还存在哪些方面的不足。如果缺乏沟通技巧，那就要去学习沟通技巧，弥补自己的不足。除了要认清自己的劣势，中层管理者也要认清自己的优势，尽可能地发挥自己的优势。

图1-15 能力提升三大通用法则

（2）危机意识要加强

现代社会的竞争越来越激烈，如果一个中层管理者想要长时间立足于公司，不被其他人替代，成为上司的稀缺资源，就必须有危机意识，要不断地采取各项措施以提升自己的能力，为部门带来更多的效益，为上司分担更多的工作。如此，你在上司面前稀缺资源的位置才能愈加稳固。

（3）价值观念要一致

你能走多远，取决于与谁同行。与公司、与上级领导的价值观一致，你才能获得他们的信任，也才能获得更多的任务，如此，你的能力才能得到提升。

第 2 章
管理上司：把上司从领导变为盟友

　　管理上司，并不是指权术上的计谋或是阿谀奉承，而是通过自身的调整、仔细的观察、沟通的技巧、实际的行动来获得上司的认可，把上司从领导变为盟友。以此让中层管理者能以最佳的方式完成工作，让自己、上司以及公司能够获得更好的业绩。

2.1 你要适应上司,而不是要上司适应你

古语有云:"天下无不散之筵席。"你不可能跟着一个上司一辈子,上司更迭是常事。特别是当你从基层普通员工坐上中层管理的位置后,你的直接上司肯定与原来的不同。所以,适应不同上司的行事风格,是每个中层管理者必须学习的事情。那么,我们该如何去适应新上司呢?

2.1.1 学会"三个学会"

每个上司都有自己的行事风格,有的人雷厉风行,有的人稳重谨慎。如果不懂得如何去适应新上司,可能就会造成下面案例中的情况。

一家大型公司新来了一位总经理,这位总经理一上任就表现出了与前任总经理完全不同的做事风格。前任总经理喜欢和风细雨的领导方式,希望公司的工作氛围是愉快和谐的,而这位新任总经理则雷厉风行。因此,这位新总经理一直对员工的工作表现不满意,经常在会议上点名批评员工。

一次,新总经理要求人事部为其聘请一名助理,但人事部经理见新任总经理身边已有几位助理帮忙处理事务,就认为这件事并不是特别着急,同时,人事部也希望能用更多的时间找到一个合适的应聘者。所以,他们对前来应聘的人挑挑拣拣,十天了都未找到一个合适的人。新任总经理对这种拖拖拉拉的作风非常不满,就把人事部经理调离了,认为他并不适合现在这份工作。人事部经理对此非常不满,向董事长提出了意见,最后两人闹得非常不愉快。

从这个案例中我们可以明白一点,当上司发生变化时,员工如果不能及时调整自己的工作风格,还是用以前的思维、以往的工作风格去对待新上司布置的工作,就可能会出现与新上司闹得不愉快的情况。

那么,中层管理者如何才能避免出现案例中的情况呢?可以按照以下三点进行(见图2-1)。

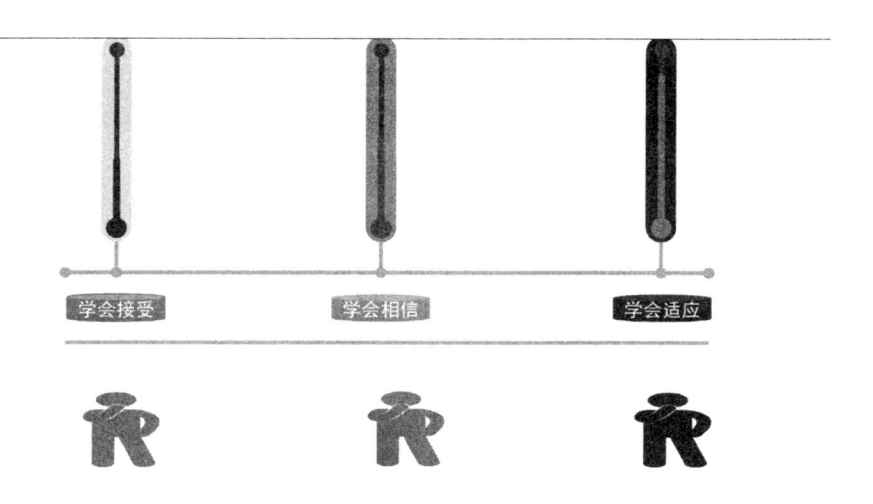

图 2-1 适应新上司的"三个学会"

1. 学会接受

当遇到新上司时，中层管理者首先要做的是学会"接受"，要做好工作内容改变的准备，而不是下意识地去排斥。在职场上，唯有接受才能走得更远。比如有些上司追求完美，喜欢对员工做出的东西挑三拣四。面对这种上司，中层管理者就要有"你越说我不行，我就越要做给你看"的心态，学会接受上司的这种风格，并把上司的挑剔当成锻炼自己的机会。

2. 学会相信

当遇到新上司时，中层管理者要先考虑一个问题："对新上司而言，你觉得他需要的是什么？"其实，上司进入一个新环境时，首要看的并不是员工的能力，而是谁更值得信任。因此，中层管理者要多和新上司接触，帮助他了解新环境。你多信任他一点，多帮助他一点，那么，新上司自然也会多信任你一点。

3. 学会适应

中层管理者必须谨记："是你适应上司，而不是要上司来适应你。"所以，面对新上司时，即使你是这个公司的老员工，也不能把上司当成新人来看。而是要把自己当成这个组织的新人，是自己换了一个新环境在工作。上司才是这个组织的主导者，他的到来可能会使整个组织环境发生变化。所以，中层管理者与其把上司当成新人，还不如把自己当成新人，如此才能迅速适应新上司。

2.1.2 多观察上司的习惯与喜好

中层管理者要多观察上司的性格偏好，如果发现他是权威型的领导，其特点是不喜欢员工反驳自己，喜欢无条件服从，那么，中层管理者就不要当众和他唱反调，有什么问题可以私下聊。有些领导比较注重外表，特别是女性。如果换了新发型或新衣服，此时，你就要及时赞美。这并不是溜须拍马，赞美是一种愉悦他人的行为。所以，适当地赞美可以增加新上司对你的好感。

妮娜是一家公司的文案策划组组长，经历了几次的营销部门部长更迭。可是，不管是哪个上司都会重用妮娜。这与她擅长观察他人是分不开的。每次遇到新上司时，妮娜都会默默地观察新上司，分析他的性格和习惯。在她看来，只有摸清上司的习惯，才能知道该怎么和上司相处。

一次，营销部门来了一位新的女上司。经过多日的观察，妮娜发现这位女上司不仅是个女强人，私下也是一位非常爱美、也爱吃甜食的女性。因此，每当这位女上司换了新衣服或是买了名牌包包时，她都会赞美一番。除此之外，她还会带一些当地有名的甜点给这位女上司。妮娜通过这种日常生活中的行为，一下子拉近了与新上司的距离。因此，在工作中，因为与妮娜熟悉，这位女上司也不会太过刚硬，而是会用委婉的方式与她讨论工作，或是指出她在工作中的不足之处。

2.1.3 不做守旧之臣，要做辅佐之臣

在职场中，有两类人。一类人被称为守旧之臣。他们遵守规则，喜欢按照制度和约定俗成的方式办事。他们长期用这种模式来处理人际关系，不会因为外部环境改变而改变。他们已经被习惯俘虏，认为自己做的事才是最正确的、最专业的，无须因为任何人做出改变。

而另一类人，他们虽然有着自己的办事准则，可是当外部环境变化时，他们就能像变色龙一样做出改变。当新上司有新的政策推行时，他们就会站在新

上司这边，担任辅臣的角色。

前者往往不受上司喜爱，因为每一个人都有自己的办事准则，新上司也是如此。中层管理者要换位思考一下，如果你是他，当新员工的办事准则与你的办事准则发生冲突时，他还因为自己的办事习惯去反驳你，认为你这样做不对。那么，面对这样的一个新员工，你还会喜欢他吗？而后者，虽然有人认为这类人没有准则，可实际上，他们是站在上司的角度想问题，遇见新上司后，他们会从辅佐的角色出发，替新上司筹谋，帮助他解决问题。这类人往往能得到新上司的喜欢。

2.2 三种上司角色，三种管理剧本

世界上的公司很多，公司的高层管理者更是数不胜数。但总的来说，公司的高层领导所扮演的角色无非就是领路人型上司、老师型上司和管家型上司三种。所以，中层管理者不用担心自己不懂得如何管理上司。你只要按照这三个角色的特点，为他们设计三种管理剧本，再按着剧本管理上司即可。

2.2.1 领路人型上司

这种类型的领导者会为员工勾勒未来的愿景，以愿景引领员工努力。这种类型的领导非常期望别人能加入他的行列，有着非常清晰的目标。面对这种类型的领导，中层管理者要坚定不移地表示自己愿意加入他的行列中，表示自己一定会为他制定的目标而努力。

迈向愿景的路途既艰辛又漫长，因此，在这个过程中，上司可能会逐渐感到疲累，甚至因此放弃。此时，中层管理者就要扮演一个鼓励型的员工，给上司加油打气，并表示自己一定会和上司一起坚持下去，请对方不要气馁。

不要认为目标既然是上司制定的，就是上司自己的事情，他自己都要放弃了，自己身为员工又为何要鼓励上司坚持下去呢？这种想法是非常错误的。中

层管理者要明白，在工作中，上司与你不单单是上下级的关系，你们更是一起奋斗的伙伴。只有懂得相互鼓励，才能把工作完成得更好。

"老板，要挺住，困难会过去的……坚持就是希望。"这是一封由全体员工签名给杭州老朋友食品有限公司老板沈国强的"励志书"。这封"励志书"不只感动了老板沈国强，更感动了无数网友。

沈国强2006年成立了老朋友食品有限公司，公司从2013年开始走中高端产品路线，因此，他们的流动资金迅速变得很紧张。为此，沈国强拖欠了员工三个月的工资。沈国强的压力非常大。但是，这封"励志书"给了他极大的鼓励，他相信自己一定能走过这段艰难时期。

其实，这封"励志书"的发起人是公司一个负责后勤和行政的老员工老张。老张从公司成立时就跟着沈国强，对于他来说，沈国强不仅是他的老板，更是一起奋斗多年的工作伙伴。这段时间，老板有很大的压力，他也看在眼里，因此，他就想出了用"励志书"的方法来鼓励老板。

老张的做法非常值得中层管理者们学习，在领导遇到挫折时，应该给予他鼓励，而不是在一旁冷眼旁观。

2.2.2 老师型上司

大部分的上司都愿意做这个角色。因为上司都希望员工不懂时能问，而不是不懂装懂。而且员工问的问题越多，工作上手就越快，也就越能为上司分忧。除此之外，每个人都希望获得别人的肯定，教导员工，可以让上司获得成就感。所以，在面对这种类型的上司时，中层管理者们在工作上遇到不懂的地方可以尽管去问。但是，在向上司请教时需要注意三个问题（见图2-2）。

| 注意语气和方式 | 私人问题要看情况 | 请教问题要有含金量 |

图2-2　向上司请教问题时需注意的三点

1. 注意语气和方式

"领导您好，我可以请教您一个问题吗？""这个事情我还不是很明白，听说您是这方面的专家，所以我想请教您。"用一种尊敬的语气向上司请教问题，会让上司感到愉悦和舒服。

2. 私人问题要看情况

在非工作时间，中层管理者也可以向上司请教一些私人问题，但要注意分寸，有些上司可能不愿意谈论这些话题。

3. 请教问题要有含金量

不要动不动就向上司请教问题，一些小问题要自己解决。要注意问题的含金量，否则，反而会让上司觉得你连这么点儿的小问题都不能解决，从而对你的工作能力产生怀疑。

那么，到底该如何向老师型上司请教问题呢？我们可以通过一个实际案例来学习。

程序部门经理抱怨道："叶总，我最近压力很大，很苦恼！"

叶总问："遇到什么困难了？说来听听，我们一起解决！"

程序部门经理说："新来的几个程序员能力不行，跟不上我们的速度，严重影响项目的进度。"

叶总问："那你说说，你觉得合格的程序员应该是什么样？"

程序部门经理说："首先，逻辑性强、思路清晰；其次，能主动寻找资源，不要每次都要我来找资源给他们；再次，细心，能发现程序中的BUG，不要老是我来调整；最后，沟通能力要好，能与其他部门主动沟通，否则，每次设计一个新东西，都要我去沟通，会耽误很多工作。"

叶总问："那招些新人怎么样？"

程序部门经理答："新人不好招啊，我试过了。而且，我希望能解决这个问题，而不是老解聘旧人，再招新人，这也耗费时间。叶总，您是领导，有经验，您看看这个问题该如何解决呢？"

叶总问："其实很简单，第一，强调主动汇报，让他们自己向你汇报工作上的错误；第二，强调先自己解决再汇报，如果他们自己实在解决不了了，再由你出面；第三，快速培养程序员；第四，引进牛人；第五，增加培训。"

程序部门经理笑道："领导不愧是领导，我稍后再制订一个具体的执行方案，您看看是否可行。"

2.2.3 管家型上司

很多上司其实都担任着管家的角色，需要做好方方面面的工作。如果事无巨细，什么都管，只会让自己力不从心。但是不管，公司又会乱成一团。所以，一般的上司都会找人帮自己管，如此才能在减轻自己的负担之余，又能掌握全公司的情况，让自己集中精力谋全局、抓大事。

面对这种管家型上司时，中层管理者一定要懂得承担起副管家的角色。在自己职权范围内，能处理的事情都自己处理，不要劳烦上司动手。比如说，对工作中一些不好的现象和苗头，要及时发现、及时教育、及时纠正，对违反原则、搞歪风邪气的员工要敢于教育和批评。不要让上司发现和纠正这个问题。

小楠是企划部的经理，她就是一名典型的管家型上司，大到企划方案，小到部门生活日用品，她都要管，因此常常把自己弄得很累。自从新任副经理来了之后，小楠就轻松了很多，因此，她非常喜欢副经理。那么，这位副经理是怎么做的呢？

首先，自己把那些日常琐碎的事情处理了。比如生活日用开支，副经理都是直接处理完了，再把账目交给小楠过目。其次，副经理会整理一份当日任务表，让小楠自己看要先执行哪些任务，哪些任务可以交给其他人来做。不久后，小楠因为出色的工作能力升职了，升职前，小楠写了推荐信，让该副经理直接接任自己的职位。

2.3 先摸清上司性格，再摸清上升通道

每个人都有自己的性格，上司也一样。中层管理者如果想管理好自己的上司，那么，就要了解他是哪一种性格，再根据对方的性格来决定自己的工作风格，以及用哪种方式与上司相处。

2.3.1 老虎型性格

老虎型上司的性格呈现出以下四大特点（见图2-3）。

- 办事雷厉风行
- 管理风格偏向于"抓大放小"
- 性格冲动，情绪变化大
- 讨厌拐弯抹角和表面逢迎

图2-3 老虎型上司的四大性格特点

针对老虎型上司的性格特点，中层管理者可以按照以下三种方式"管理"上司（见图2-4）。

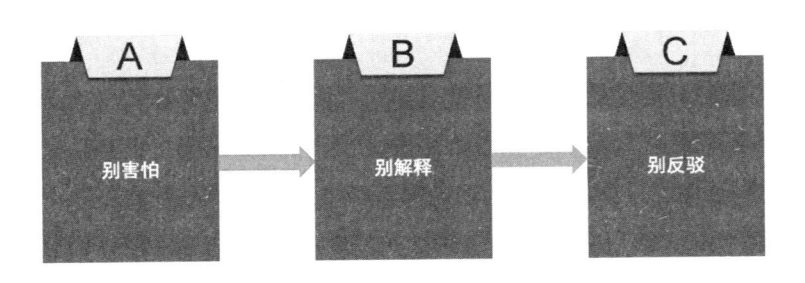

A 别害怕 → B 别解释 → C 别反驳

图2-4 老虎型上司的三种"管理方式"

1. 别害怕

在老虎型上司手下工作，很多中层管理者都有种"伴君如伴虎"的感觉，面对上司时会情不自禁地产生恐惧，在工作中战战兢兢。其实，无须害怕老虎型上司，因为他们通常都是对事不对人。只要把工作做好，即可平等地与老虎型上司相处。

2. 别解释

老虎型上司非常重视工作的结果，所以，一旦工作出现问题，你做再多解释也没有用。所以，在日常工作中，中层管理者要制订周密的工作计划，甚至要做两套以上的方案，以便老虎型上司选择；出现突发问题时，要果断处理，保证目标的实现，以免老虎型上司认为你做事不够果断。

3. 别反驳

老虎型上司通常具有权威性的人格，因此，中层管理者要对其高度服从。这个类型的上司不喜欢有人当面和他对着干，但是，也并非就喜欢唯命是从的员工。所以，面对这种上司，最好的方法是不要当面反驳，只需要扮演好一个倾听者的角色即可。如果有不同意见，可以单独找一个私人场合再提出。

2.3.2 孔雀型性格

孔雀型上司的性格特点可归纳为五点（见图 2-5）。

01 乐观　02 不够"真实"　03 骄傲　04 交际能力强　05 爱出风头

图 2-5　孔雀型上司的性格特点

面对具有孔雀型性格的上司，中层管理者要做到以下两点。

1. 别抢风头

中层管理者在面对孔雀型上司时，要谦逊得体。孔雀型上司喜欢万众瞩目的感觉，所以，在陪他出席各种活动时，要掌握好分寸，不要抢他的风头。比如，不要在言语和行为上"抢镜头"，还要不失时机地附和他，把焦点引到他身上，让他感到有面子，满足他的虚荣心。

2. 别太当真

孔雀型上司的性格特点就是待人热情，但是，很多时候这种热情只是出于一种职业习惯。因此，中层管理者要注意，当他与你推心置腹地交流时，要有所保留，不能什么话都说。而且也不要把对方的话太当真，因为很多时候这种性格的上司很喜欢说些场面话。

2.3.3 无尾熊型性格

无尾熊型的上司，性格中有孩子气的一面，但对于工作非常负责和认真。他们的不足之处是缺乏继续向前的勇气，且对市场变化的敏锐度不够。

面对具有无尾熊型性格的上司，中层管理者要做到以下三点（见图2-6）。

要真诚　　　有进取心　　　更主动

图2-6　管理无尾熊型上司的三个技巧

1. 要真诚

无尾熊型上司挑选员工时，觉得人品重过能力。他喜欢与自己"气味相投"的人，希望对方能给自己真诚的建议，且对工作有高度的责任心。

2. 有进取心

无尾熊型的上司虽然有时会安于现状，但有时也喜欢个性不同于自己的员工。所以，事业心强、更具进取心的人也能获得他的倚重，因为这样的员工可以弥补他性格中的不足之处。所以，中层管理者不妨在这类上司面前展现自己独当一面的能力。

3. 更主动

对于酬劳与晋升方面，中层管理者要比他更主动。无尾熊型的上司会在适当的时候给员工肯定和赞赏。但是，如果你希望获得更高的报酬和职位时，还是要直接告诉他。因为这类上司有时过于"孩子气"，想法比较天真，会认为精神激励已经足够了。

2.3.4 猫头鹰型性格

猫头鹰型性格的上司是典型的职业人士。他的性格可以归纳为以下六个方面（见图2-7）。

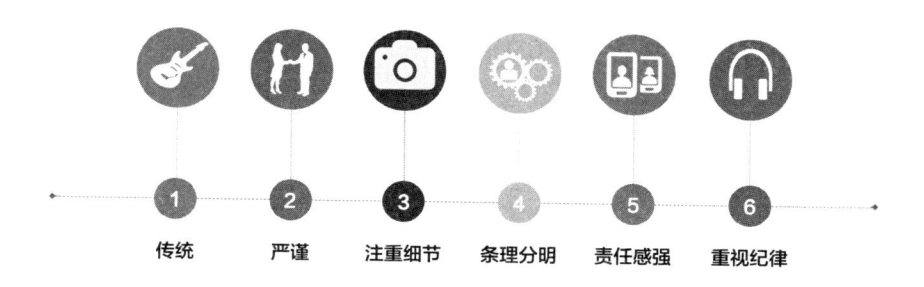

1	2	3	4	5	6
传统	严谨	注重细节	条理分明	责任感强	重视纪律

图2-7 猫头鹰型上司的六大性格特点

面对具有猫头鹰型性格的上司，中层管理者要做到以下三点。

1. 主动加班

对猫头鹰型上司而言，加班是最自然不过的事。所以，作为他的员工，要在尽可能的情况下主动加班，让他看到你的工作积极性。如果不想加班，就要保证自己每天的工作都能在下班之前完成，并且记清楚要提交给他的事务详情。下班前做好交接，下班后要保证手机开机。

2. 执行到位

猫头鹰型上司的最大特点就是高度务实，因此，要成为他眼中的好员工，就一定要保证工作执行到位。

3. 遵守纪律

猫头鹰型上司对于纪律的要求非常高，比如说准时，他们最讨厌不守时的员工。这类上司认为，只有能时时刻刻严格要求自己的人，才能把工作做好。

2.3.5 变色龙型性格

变色龙型性格的上司适应力和弹性非常强，擅长内外资源整合，以合理化以及中庸之道待人处事。

面对这种性格的上司，中层管理者要做到以下两点。

1. 保持同步

变色龙型性格的上司没有明确的立场，不喜欢走极端，面对各种情况都能随机应变。因此，他更喜欢应变能力强的员工，能时时刻刻与他保持同步。

2. 做事谨慎

这种性格的上司做事非常谨慎，但有时太过谨慎，会显得优柔寡断。而且，在做重大事情的选择时，立场不够坚定。此时，中层管理者们就需要坚定自己的选择，让他放心。

2.4 不做炮灰，管理好上司的黑色情绪

担负着更多责任的上司们，经常会出现"黑色情绪"。因此，中层管理者们一不小心就成了"炮灰"。中层管理者频频离职的原因，就是不懂得管理上司的"黑色情绪"。上司一骂自己，就会觉得很委屈。其实，中层管理者完全有另外

一条路可走，那就是管理好上司的"黑色情绪"。

2.4.1 弄清爱发脾气的上司类型

有些上司和颜悦色，有些上司爱发脾气。中层管理者可以针对不同类型的上司，去分析上司为什么会产生"黑色情绪"。弄清自己上司的类型，才能对症下药（见图2-8）。

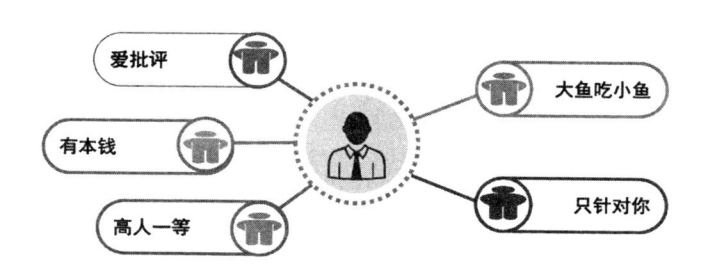

图2-8 爱发脾气的上司的五大性格特点

1. 爱批评

为什么上司动不动就批评你？其实，这很可能是上司的性格使然，他并不是故意针对你。所以，在上司批评时，你不必觉得委屈，因为他并不是恶意的。而且他愿意批评你，还是希望通过批评，能使你的能力得到提升。中层管理者可以和上司多沟通，理解他经常批评你的原因。

2. 有本钱

这种类型的上司能力非常强，对工作的要求也非常高。他经常认为员工达不到他的要求，要好好批评一下才可能进步。所以，面对这种类型的上司发脾气时，就要看看自己的工作是否真的出现了问题。有，则虚心接受；没有，就不要放在心上。对这种类型的上司需要多保持一点耐心，可以想着："他这么有能耐，就是脾气不好而已，忍一忍，我从他身上就可以多学点东西。"

3. 高人一等

这种类型的上司其实极度缺乏自我认同感，认为发脾气可以凸显自己的地位，显示自己高人一等。所以，千万不要被这种类型的上司给吓住，面对他时要不卑不亢，甚至可以适时地反抗一下，让他明白自己也不是什么"软柿子"。这样，他就能够有所收敛。

4. 大鱼吃小鱼

这种类型的上司爱发脾气，是因为他的上司也爱发脾气。所以，为了讲求所谓的"平衡"，他只好骂自己的员工，属于典型的"大鱼吃小鱼"。对这种类型的上司，可以保持一份同情心，想想他可能被上级领导骂得更惨。除此之外，可以帮他找一个发泄情绪的渠道，如此他就不会把脾气发在你身上了。

5. 只针对你

这种类型的上司在别人面前总是和颜悦色，只是爱针对你。那么此时，你就要思考自己到底是哪儿得罪了他，或者想想自己与其他同事有什么差距，然后再考虑要不要改变自己。

2.4.2 巧避上司的"黑色情绪"

每个人都有不开心的时候，上司也是如此。而且，当上司面临重大压力时，他会不自觉地把自己的"黑色情绪"发泄到员工身上。因此，对身为员工的中层管理者们来说，掌握避开上司"黑色情绪"的技巧，就显得非常重要。

1. "黑色情绪"一：愤怒

在心理学上，愤怒一般是内心力量的体现。领导者一般都是力量型的人，所以他们通常比较强势。他们在遭遇挫折时，会通过一种比较极端的情绪表现出来。那么，中层管理者该如何应对上司的"愤怒"情绪呢？可以通过一个案例来了解一下。

当你走进上司的办公室时，听见他正在大声训人，几个同事被他骂得灰头土脸。当上司看见你进来后，拿出你昨天交给他的企划案，愤怒地将企划案摔在桌子上："你自己看看写的是什么？"此时你肯定觉得很委屈，自己的企划案明明是按照老板的要求写的。为此，你和上司争辩了几句，结果上司更生气了，对你骂得更凶。

面对这种情况，中层管理者可以按照以下三个方法来处理上司的愤怒情绪（见图2-9）。

学会察言观色，发现上司情绪不对，找借口先避开

不用担心上司骂你就是对你的工作不认可，这只是他一时的怒火而已

上司发脾气时不要辩解，你越辩解，上司反而越生气

图2-9　处理上司愤怒情绪的三个方法

2."黑色情绪"二：焦虑

上司常常会因为焦虑而发脾气。焦虑其实是信心不足的表现，因为自信心不足，所以会担心出现自己控制不了的局面。在这种情绪的主导下，只要中层管理者在工作中出现一点点错误，他就会破口大骂，因为他担心这个错误会影响工作。那么，中层管理者该如何应对上司的"焦虑"情绪呢？可以通过一个案例来了解一下。

某总最近总是慌慌张张，显得非常焦虑。原来，公司的竞争对手最近一直在挖他的墙脚，试图把公司的核心客户挖走。这家公司是做代理的，跟很多国外品牌合作。但是，这个竞争对手多年来一直和公司抢代理权，如今已经顺利抢走了一个品牌的代理权。因此，某总很担心其他的代理权也会被抢走，公司上下的气氛都不是很好。身为中层管理者的你，更是要直接面对他，因此，经常会因为他的焦虑情绪而挨骂，有时只是犯了一个非常小的错误，就会被他骂上半个小时。

那么，面对上司的这种焦虑情绪，应该如何处理呢？焦虑者有时会向他人寻求帮助，但是，有些人说的话会让人的焦虑情绪更加糟糕。所以，当上司焦虑时，中层管理者们应尽量避免说以下三句话（见图 2-10）。

别为小事烦恼	要冷静	一切都会好起来的
你认为的小事，可能对别人来说就很重要，你要进入上司的思维模式中。对焦虑的人来说，所有的事都是大事。要从同理心的角度出发，理解比劝导更有效	焦虑的人是很难冷静下来的，所以说这种话起不到任何作用。可以同上司一起做点事，帮其减轻症状。如陪他们去做瑜伽、去散步或去听音乐会	与其告诉上司"一切都会好起来的"，不如真正帮上司做点事，比如完成一个新的工作任务，让上司看到一点"好起来"的希望

图 2-10　面对上司的焦虑情绪不应说的三句话

2.5 哈贝马斯沟通，疏通信息传递障碍

哈贝马斯的批判理论是近二十年西方学术界的显学，其中最受人们关注的就是他试图建立一个具有普遍性的"规范理论"来描述、分析以及批判现代社会的结构。而"沟通行动理论"是哈贝马斯学说中的中心概念，是用来支持其理论的主要论点。

有不少中层管理者把这个理论运用到了管理学中。运用哈贝马斯的"沟通行动理论"，可以有效消除上下级之间的信息传递障碍。

2.5.1 沟通有效性，让信息传递更准确

中层管理者与上司进行沟通时经常会出现一种情况，就是因为某种原因，导致双方对信息产生了不同的理解。而哈贝马斯行动沟通的有效性原则，可以

帮助中层管理者避免出现这个情况。哈贝马斯认为要让沟通有效必须满足四个条件（见图2-11）。

图2-11 保证沟通有效性的四个条件

1. 可领会性

沟通的双方要选择可领会的表达，以便相互间能够理解。也就是说，中层管理者在与上司沟通的过程中，要用上司能理解的方式去表达。譬如，你的上司是一个美国人，那么，中层管理者在陈述问题时，就要考虑到美国人的用语习惯以及文化背景。

2. 真实性

沟通时要给上司提供一个真实陈述的意向。也就是说，中层管理者与上司沟通时别弄虚作假，要实事求是。

3. 真诚性

要真诚地表达一个意向，以便听者能够相信说者的话。也就是说，中层管理者在与上司沟通的过程中，态度要真诚，话语要诚恳，如此才能让上司相信你。

4. 准确性

选择准确的语言，以便听者能接受。也就是说，上司如果是美国人，中层管理者与上司沟通时，最好采用美式英语而不是英式英语。

一家民营公司的总裁希望让自己公司的产品走向国际市场，因此，他常常在世界各地参加各种商务会议，与各国的合作商见面。但是，总裁本身是穷苦人家出身，英语口语不是很好。为此，他专门聘请了英语口语非常好的张强担任自己的助理。

一次，张强在向一位外国合作商介绍老板时，说了一句"My boss is a jolly dog"，意思是"我的老板是个风趣的人"。

可是，总裁对英语不是很了解，他对张强说："你怎么可以向别人说我是只狗呢？是不是对我有什么不满？别以为我不懂英语就乱说话，起码这句话我听懂了！"张强听了，哭笑不得，不得不向上司解释这句话的意思，并解释了中英文化的差异。

张强之所以会无缘无故被上司训斥，其实就是没有采用"沟通有效性"原则中的可领会性与准确性的要求。张强在沟通时，应该避免使用这种会让人产生误解的词。

2.5.2 选择一个理想的沟通言语情景

沟通行动除了要求沟通有效性外，还需要理想的言语情景。沟通的理想言语情景条件包含七个方面，但中层管理者在实际运用中只需要以下四个就足够了（见图2-12）。

1. 对话各方有平等的地位和权利
2. 任何与问题相关的论据都应该受到重视
3. 不给讨论设定时间限制
4. 每一个话语参与者都有同等的权利来实施调节性话语行为

图2-12　理想的沟通言语情景的四大条件

条件一：对话双方有平等的地位和权利

是指中层管理者与上级虽然在职位上不平等，但是，双方在表达沟通时的地位是平等的。并不因为对方是上司，中层管理者就完全不发表自己的意见。比如，上司在布置任务时，你有什么地方不了解，就有权利向上司提出疑问，要求上司再陈述一遍。不要担心问多了上司会烦，如果真因为理解错误而导致任务失败，情况反而更糟。

条件二：任何与问题相关的论据都应该受到重视

是指在与上司沟通的过程中，中层管理者别放弃任何说服上司的观点或是数据。例如，在向上司申请一批新设备时，你就要重视引进新设备后可以提高多少工作效率的问题。

条件三：不给讨论设定时间限制

是指在与上司沟通的过程中，若还没有讨论清楚问题，就不要害怕耽误上司的时间而草草结束。如果上司有时间，就要继续讨论下去；如果当时上司没时间，那就向上司申请再找时间讨论这个问题。记住，在没有讨论清楚问题之前，不要给自己设定时间限制。

条件四：每个行为人都有同等的权利来实施调节性话语行为

每一个话语参与者作为行为人，都必须有实施调节性话语行为的同等权利。也就是说，中层管理者在与上司沟通的过程中，有权承诺某事或拒绝承诺某事。比如，上司要求你业绩上涨10%。但是根据自己的判断，你不可能完成这个目标，就要拒绝上司这个要求。注意一定要说清拒绝的理由。

2.5.3 四大技巧，让彼此达成共识

中层管理者在运用哈贝马斯沟通行动理论时，除了要把握有效性以及构建言语情景，还需要掌握四个技巧。否则，就很可能会出现误解，造成信息沟通障碍。信息沟通障碍会造成什么样的情况？可以通过案例了解一下。

一家公司的总经理给秘书下达了一个指示："你帮我查一查我们有多少人

在北京工作，星期五的会议上董事长会问到这个问题，我希望可以做好充分的准备。"

于是，总经理秘书打电话告诉北京分公司的秘书："总经理要一份你们公司所有工作人员的名单与档案，请准备一下，我们两天内需要。"

北京分公司的秘书又告诉分公司的经理："总经理需要一份我们公司所有人员的名单与档案，可能还有其他材料，需要尽快送到。"

结果第二天早上，总经理收到了整整五大箱资料。

为什么会出现案例中这样的结果呢？就是因为上级在传达指示时，没有做到以下四点（见图2-13）。

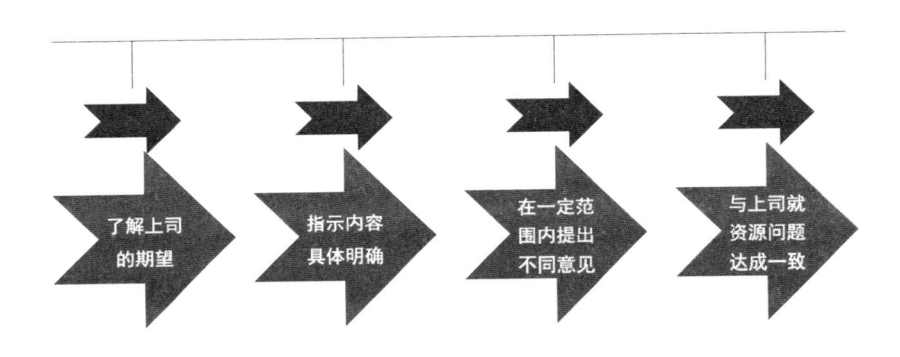

图2-13 与上司沟通时需掌握的四种技巧

1. 了解上司的期望

如果你都不了解上司真正期望的是什么，那还如何把上司的指示正确地传递给员工？所以，如果对上司的指示有什么疑问，一定要问清楚。需要注意的是，中层管理者一定要经过缜密思考后，再提出自己的问题。这样，不仅能让自己对上司的指示有更深入的理解，还可能让上司对最初的指示做进一步修改，让指示更加合理化。

2. 指示内容具体明确

在与上司沟通的过程中，如果对方的话语非常笼统，中层管理者切不可盲目地接受。每个人对内容的理解可能不同，如果沟通过程中的信息过于笼统，很容易让结果与上司真正的期望产生巨大的偏差。

3. 在一定范围内提出不同意见

中层管理者与上司的观点不同，这并不是什么大问题。面对一个任务方案，中层管理者可以向上司提出自己的观点，但要注意尺度。细节上的问题可以提出，但是决策的大方向就不可随意提出。因为中层管理者是执行决策人，虽有权参与制定决策的具体细节问题，但并不是真正的决策制定者。

4. 与上司就资源问题达成一致

中层管理者可能被上司告知某项任务非常重要，为了完成这项工作，就调用了各种各样的资源。结果上司看到任务结果后却并不满意，因为其耗费的财力、人力和时间成本远远超过了他的预算。所以，在接受任务之前，一定要和上级进行沟通，就资源问题达成一致意见。

2.6 用实际行动获得上司的信任

要想"管理"好上司，获得上司的信任，不是嘴上说说"我要怎么做"就可以，更不是对上司溜须拍马就可以，而是要用实际行动去获得上司的认可。

2.6.1 向上汇报，尊重上司

尊重，是管理好上司、与上司和睦相处的首要法则。作为中层管理者，要认可你的上司、欣赏你的上司、尊重你的上司。

杨林和陈新同一时间进入市场部，两人在业绩方面不分上下。可是，一年后杨林成了市场部主管的得力助手，但陈新依然还是一名普通的职员。究其原因，就是陈新不懂汇报的技巧。

在陈新看来，只需要把工作结果汇报给上司即可，反正上司也不是专业人士，不了解市场的具体情况。但是，杨林却不是如此想的，他挑选出每个星期的重要工作内容进行汇报。就是这样一点差异，让上司从杨林处获得了被员工尊重的成就感。所以，上司自然会对杨林另眼相待。

具体而言，向上汇报可以起到以下两种作用。

1. 用汇报给上司可控感

员工的准时汇报可以让上司获得安全感，让他感到情况都掌握在自己的手中。用这种方式表达对上司的尊重，让他觉得你的态度是端正的，并没有因"功高"而不将他放在眼里。

2. 汇报是一种沟通的方式

汇报是中层管理者与上司相处的常态。不管你的上司存在什么样的缺点，他都是你的上司。所以，你需要随时向他汇报工作。要注意，汇报的内容要充分翔实，重要的事情要交由上司做决定。

2.6.2 用专业引导上司

正所谓术业有专攻，上司是管理方面的专家，但也许对技术并不是很熟悉。因此，拥有技术的中层管理者就要用专业的技术来引导上司，让上司对工作内容更为了解。在专业方面，中层管理者的能力一定要高过上司，才能"引导"上司，获得他的信任。

松下电器的中层管理者高桥荒太郎就是一个懂得"用专业引导上司"的人，也正是因为如此，他在事业上取得了巨大的成功。

在松下电器与荷兰的飞利浦公司进行合作计划的洽谈中，飞利浦公司以支援需要付费为由，向松下索取技术费用。高桥荒太郎立即提出，对方也必须支付松下指导经营费，使双方处在平等的位置上进行合作。

在这个过程中，高桥荒太郎在上司和合作者中间扮演着沟通桥梁的角色，把合作者专业性的说法用较为直白、容易理解的方式准确无误地传达给上司。但是，高桥荒太郎并没有因此而自以为了不起，觉得自己的能力比上司更强。

2.6.3 用忠诚换信任

信任来自忠诚，上司信任的人一定是对他最忠诚的员工。有人说："我不需要靠忠诚获得上司的信任，我会靠自己的能力。"这是极其错误的想法，历史上那些功高盖主、位极人臣的官员，为什么最后会落得凄凉的下场？就是因为他们虽然能力很强，却对皇帝不忠诚。就好比年羹尧，他的作战能力非常强，但雍正为何还是要除掉他？就是因为他背叛了皇帝，对皇帝不尊重、不忠诚。

所以，中层管理者一定要明白一个道理，上司一定会喜欢忠诚的员工，但却不一定会喜欢能力比他强的员工。当然，如果能做到又忠诚又有能力就最好不过了。

2.6.4 易地而处，理解上司难处

中层管理者也许经常会听到这样一句话："你应该明白我做这个决定的原因。"能让上司说出这句话的中层管理者，肯定已经获得上司的信任。而信任的来源就是上司认为你能理解他。所以，在管理上司的过程中，如果能体会上司的处境，理解上司的难处，就必定能获得上司的信任（见图2-14）。

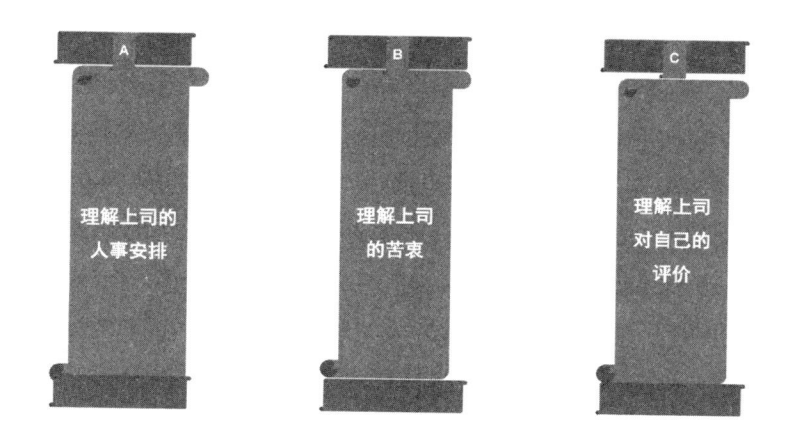

图2-14 中层管理者需从三个方面理解上司
（A 理解上司的人事安排；B 理解上司的苦衷；C 理解上司对自己的评价）

1. 理解上司的人事安排

中层管理者都希望自己能够晋升,所以,他们对上司的人事安排会非常敏感。比如说,当与你同等职位、同等资历,但工作能力远不如你的同事升职了,这让你在情感上似乎很难接受,更会怀疑上司的决定。但是,无论结果如何,你都要冷静,正确地处理好与同事的关系。

2. 理解上司的苦衷

在日常生活与工作中,任何人都有为难之处,上司也一样。所以,中层管理者要保持敏锐的观察力,理解上司背后的苦衷,在适当的情况下为上司提供意见,主动为其分忧。

3. 理解上司对自己的评价

如果上司对自己的评价不是很高,或者出于某种原因,对自己做出否定的评价时,一些中层管理者往往会因此和上司产生隔阂,这对自己、对上司、对工作都是极其不利的。

正确的做法是:先尽可能地平心静气地思考评价的合理性,从自己身上先找原因;再找个合适的时机与上司谈一谈,进一步征求上司对自己的具体看法;最后,如果上司的评价是正确的,就要在以后的工作中改掉这个缺点。

第3章
请示方案：永远不替上司做决策

  向上司请示，是中层管理者的一项经常性工作。不难发现，同样是请示工作，有的人请示得好，就能得到上司的重视和赏识；而有的人因为不注意请示工作的方式方法，反而给上司留下了坏印象。合理得体的语言，详略得当的汇报方式，沟通协调的能力，是中层管理者请示工作时必备的素质。

3.1 事无巨细不行，越俎代庖更不行

中层管理者在请示工作的过程中，经常会发生两种情况。一是上司说："你怎么连这点事都要问我？还有没有独立工作的能力？"二是"这事你问过我了吗？擅作主张！"因此，中层管理者对上司总有种"怎么做都不对，这领导也太难伺候了吧"的想法。其实，并不是上司难伺候，而是你没有掌握好请示工作的方法。

3.1.1 请示的三个种类

请示工作一般分为三种：一是请求上司给予工作上的指示，比如"经理，下个月我们的工作重点是什么"。二是请求批准方案，是指请上司对自己提出的方案进行批复。比如说："经理，我上周给您提交的方案怎么样？您有什么看法吗？"三是请求资源对接，是指在需要跨部门沟通的时候，中层管理者缺少资源调配权，所以就要请求上司帮忙资源对接。

有些中层管理者几乎每天都要进出上司办公室好几次，就是在请示工作。但是真的有那么多工作要请示吗？肯定是没有。那么，这些中层管理者一天进出几次上司的办公室是为了什么？其实是因为他们几乎每做一件事都要请示上司，最后弄到上司都烦了。

所以，在向上司请示工作时，中层管理者要分清什么是大事、什么是小事、什么又是自己的分内之事。

1. 先分清小事和大事

即使知道经常请示工作的行为不好，为什么一些中层管理者还是要如此行事？究其原因，还是他们分不清什么是不需要请示的小事、什么是需要请示的大事。那么，如何分清工作中的大小事呢？比如，"自己一天的工作安排、员工一天的工作安排"就属于小事，"任务的进度、每个星期的部门会议"就属于大事。

2. 自己职权内的事情别请示

一个中层管理者的职权是什么？对一个财务经理来说，安排手底下每个员工的工作、各种财务报表的制定，这些都是财务经理职权内的事情。如果连自己职权内的事情都要向上司请示，那么，就无须设立中层管理这个岗位了。

3.1.2 别擅作主张

中层管理者在请示工作时，常犯的第二种错误就是"越俎代庖、擅作主张"。请示工作的目的是什么？就是让上司做决策，按上司的指令安排工作。所以，在请示工作时，别擅作主张替上司做决定。那么，在请示工作时，如果我们越俎代庖会发生什么样的情况呢？可以通过一个案例来了解一下。

叶玲进入公司不到两年的时间就成为部门主管。一天，总经理把叶玲叫了过去，交代说："小叶，虽然你刚升为主管，但是你的能力大家是有目共睹的。公司要开展一个新项目，需要你们部门去考察一下，你安排一下吧！"

受到总经理的重用，叶玲非常高兴。为此，她花了很多时间策划方案。其中有一项涉及出行交通工具的选择，叶玲觉得坐公共交通工具不方便，人也受累，会影响考察结果。可是如果打车，费用又太高，因此，她打算包一辆旅游大巴车去。因为涉及费用问题，叶玲没有权力自行决定，所以她决定向总经理请示。

"总经理，您看，我们今天要出去，这是我的工作计划。"叶玲把工作计划交了上去，并向上司分析了利弊，之后叶玲说，"我决定包车去考察。"可是，叶玲觉得合理又经济的建议却没有得到总经理的同意，这让她大为不解。

为什么叶玲这个合理合情的方案会被否定？其实，就是因为她犯了"越俎代庖"的错误，跟总经理说"我决定了"，上司听到这种话肯定会不开心，"什么叫你决定？你都做决定了，还要我这个总经理干什么！"

从叶玲这个案例中可以知道：如果你越俎代庖替上司做决定，那么，再好的方案也不会得到领导的批准。同时，你还会给上司留下"不尊重领导、自高自大"的负面印象。

1. 说完工作内容后，询问上司意见

中层管理者也许常常会面临这样一种情况，就是请示完工作后，上司却迟迟不给答复。因为时间紧迫，中层管理者迫不得已就自己做决定了，虽然最后顺利完成了工作，却没有得到上司的表扬，反而被上司批评"怎么可以擅自做主"。

那么，中层管理者如何保证在请示工作的过程中，避免越俎代庖的情况出现呢？方法其实很简单，就是把请示的内容说完后，立即询问上司："领导，这件事您看该如何做？"如此，上司就会立即思考该如何做，并下达后续的相关指令。

2. 在言行举止中也要注意

有一点中层管理者也需要特别注意，即使你没有"越俎代庖"的意思，在请示工作时，也要注意自己的言谈举止。如果让上司感到你的权力比他大，可以替他做决定，那么，你肯定会招来上司的反感。

比如，给领导提建议时要注意自己的语气："领导，您看看我做的这两个方案，希望您提供点专业的意见，如果不行我再重新做！"而不是："领导，我已经做了两个方案了，我觉得很好，就按照这个方案做吧！"

前者，能让上司获得"看来还是我比较专业"的成就感；后者会让上司产生"你说好就好了，我还没发话呢"的负面情绪。所以，中层管理者在请示工作时，一定要注意自己的言行举止。

3.2 矛盾、问题、背景、意见，一个都不能少

中层管理者向上司请示工作时常犯的一个错误，就是只提出问题和矛盾，不汇报事情的背景资料以及自己的处理意见。正确的请示是矛盾、问题、背景、意见，一个都不能少。只有具备了这四个因素，请示工作才能达到预期效果。

3.2.1 缺少背景的结果

也许有人会提出疑问："提出矛盾和问题还不够吗？为什么还要加入背景和意见？有什么作用？"当然有用。如果请示工作时没有介绍背景，上司会听得一头雾水，更不可能下达正确的指令。可以通过一个情景模拟，来了解请示工作时加入背景的重要性。

方辉是产品部的经理，在运营的过程中，他发现了一个问题："就是 APP 登录设计得太过复杂，需要用户申请、注册、输入验证号、提交 QQ 邮箱等好几个步骤。"因此，造成了大量用户的流失。方辉就该问题向上司做了请示，询问是否要对 APP 的登录页面进行修改。

方辉是这样描述的："APP 登录步骤比较复杂，所以造成了不少用户流失，是否需要进行修改？"方辉的上司听得一头雾水，根本就不知道该下什么指令。因此，方辉请示的这个修改 APP 登录步骤的计划一直被耽误了下来。

为什么方辉的请示工作得不到回复？就是因为他没有进行背景描述。如果他能在请示时加入一些这样的背景描述："为什么登录步骤复杂会造成用户流失？是用户没耐心，还是我们的 APP 设计得太复杂？""在哪个登录步骤流失的用户最多？"方辉还列出相关的数据，如此，上司对此事有了更深的认识，有了进一步的评判标准，就能在最短时间内给方辉做出指示。

3.2.2 缺少意见的结果

中层管理者在向上司请示工作时，要提出自己的想法和建议。此时，有人也许又会有疑问：请示工作不是让上级给意见、做决定吗？确实，最后的决定肯定是上司做。但是，中层管理者也需要有自己的想法和看法。因为这不仅是你能力的体现，也是在为上司分担工作。

美国著名的摩托车制造商哈雷·戴维森曾在公司里推行了一个"参与领导模式"。也就是说，要让所有的员工参与到公司的运营中，为公司的发展出谋划策。

当时，刚进入哈雷担任顾问的李·欧莱发现员工的参与热情很低。对此，李·欧莱向哈雷·戴维森提出了一个建议："危机过后，员工对命令式指派给自己的工作会产生抵触情绪。如果能让他们自己给自己安排任务，他们就会乐意完成。"

哈雷·戴维森采取了李·欧莱的建议。从 1988 年下半年开始，哈雷公司的管理层就开始了一系列的改革，并取得了非常好的效果，员工的工作效率得到了极大的提高。哈雷·戴维森也对李·欧莱更加信任。

从李·欧莱的案例中我们可以看出，向上司提出自己的建议是多么重要，不但能使工作顺利进行，还能因此获得上司的信任。

1. 提出建议，表现出独立处理问题的能力

中层管理者是一个组织的领导，他不仅要发现工作中存在的问题，还要能够独立解决问题。如果你把所有的问题都丢给领导去解决，那上司肯定会认为你的能力不足，不足以担任一个组织的领导。所以，在请示工作的过程中，提出解决问题的办法非常必要。

2. 提出建议，帮助上司分担工作

高层领导不可能在各个方面都是专家，也不可能全面掌握情况。因此，他需要不仅能提出问题，同时还能提出解决办法的下级。

3.2.3 请示工作的技巧

中层管理人员在请示工作时，要注意以下问题（见图 3-1）。

1. 现状描述，数据证明

在请示工作时，除了要描述问题产生的背景，最重要的还是要用数据说明问题，如此才能让上司看到实质性的问题。数据一般分为两个部分：一是背景信息的数据；二是症状描述的数据。

2. 界定问题数据差距

中层管理者在请示工作时要找出问题的数据差距，其计算方法为：预期目标与实际实现目标的差值。比如，业务部在 2018 年 1 月预期完成 100 万元的销售额，但实际只完成了 50 万元，这剩下的 50 万元就是数据差值。

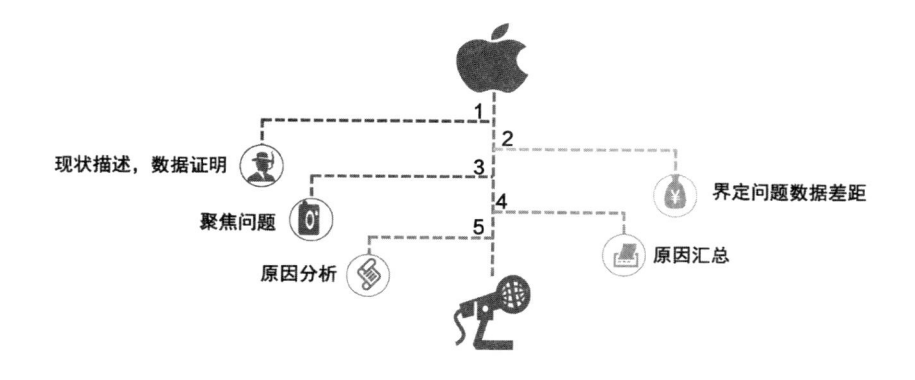

图 3-1　中层管理者请示工作的五大技巧

3. 聚焦问题

聚焦问题是指中层管理者在请示工作时，要从诸多的症状和偏离值中发现问题的本质。比如，业务部为什么完成不了目标？找出相关的原因，然后确定最重要、最急需解决的问题。

4. 原因汇总

就是把产生这个问题的所有可能性都罗列出来，比如业务部完成不了目标的原因是人手不够，还是营销力度不够，或者是管理出现了问题，还是季节性的原因，把所有的可能都罗列出来。

5. 原因分析

把产生问题的原因罗列出来后，对其进行分析。

首先，对所有的原因进行分析归类，确定第一因素、第二因素、第三因素（见图 3-2）。

然后，通过图表，按照二八原则对要因进行分析，锁定重要的原因（见图 3-3）。

通过分析，中层管理者就可以确定本案例中营销力度不足以及管理混乱是问题产生的根本原因，因此，首先要解决的就是这两个问题。

第 3 章　请示方案：永远不替上司做决策

第一要因
营销力度不足
团队管理不力

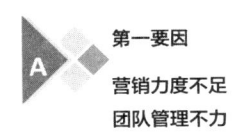

第二要因
淡季

第三要因
人手不够

图 3-2 要因分类

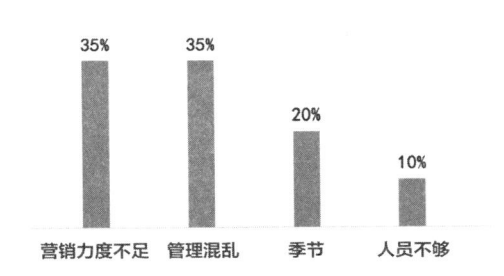

营销力度不足 35% 管理混乱 35% 季节 20% 人员不够 10%

图 3-3 每个原因所占比例

3.3 提供优选方案，只让上司做判断题

在实际的工作中，向上司请示工作时，有些中层管理者理直气壮地把问题交给上司，这是极为错误的做法。中层管理者在向上司请示工作时，要准备好多个解决方案，让上司直接判断哪个方案最好即可。

3.3.1 直接抛问题的负面效果

中层管理者直接抛出问题无非有两种用意：一是寻找答案；二是推卸责任。但是，有些中层管理者却没有意识到这一点，认为自己有问题找上司解决是天经地义、理所当然；却没有意识到，这样的习惯一旦养成，就失去了独立思考和解决问题的能力。

艾尼是欧若科公司的一名客户主管，上任不到半年，就被执行总裁拉里·艾利森给辞退了。就是因为艾尼总把问题直接抛给上司。艾利森是一名非常乐意指导员工的领导者，员工在请示工作、请求建议时，他都愿意提供指导。但是，艾利森认为指导员工的基础是"员工给他方案，他只是凭借自己的经验和专业给员工更好的建议，让方案更加完善"。而艾尼却不是如此。每次在向艾利森请示工作时，他都是"空着手"去，未向艾利森提交任何解决方案，反而要求艾利森给他解决问题的方案。面对这样不负责任、缺乏独立思考和解决问题能力的员工，艾利森无法容忍。

所以，中层管理者如果要避免出现案例中的这种情况，在请示工作时一定要做到以下两点。

1. 准备好解决问题的方案

站在一个为自己负责、为工作负责的角度，中层管理者在请示工作时，应该首先有自己的想法，有解决问题的方案，并准备好推荐这个方案的理由。

2. 换位思考

中层管理者要学会换位思考，在询问上司该如何解决这个问题的时候，先问问自己："怎么处理这个问题？"也许你想出来的解决方案不是很成熟，可是，你思考得越多，想法就会越来越多，思维就会越来越活跃。到时，你提出的方案就能得到上司的肯定。

3.3.2 至少准备三个方案

中层管理者至少要准备解决问题的三个方案，让上司对这三个方案的优劣进行判断，选出他认为最好的方案。

在请示工作时，千万不要说："老总，这事该怎么办？我在等您的指令。"作为一名优秀的中层管理者，这种请示工作的态度是不够积极的，不利于自己的成长和发展。

在请示时，中层管理者可以开门见山地把方案提出来。例如这样表述："针对这个问题，我想到了三个方案……"

在戴尔电脑公司担任客户主管的简，在这一点上做得非常好。有一次，上级领导给简安排了一个市场考察的工作。简接受了指示后，马上策划了一个方案，其中有一项是关于考察方式的，由于其中涉及财务问题，简决定向上级请示。但简并不是直接到领导办公室问，而是花时间做了三个方案，才去问："领导，您看我们用哪一种方法去考察啊？"

简的上司看了她提供的三个方案后，选择了第三种，并夸赞她设想周到，工作能力强。

3.3.3 方案不被接受不气馁

中层管理者在提出方案时，可能会面临这样一种情况：自己辛苦策划出来的几个方案，上司一个也不喜欢。此时，中层管理者可能会感觉到委屈，甚至可能和上司赌气："我提这么多方案都不接受，领导也不懂，下次我就不提了，省得浪费我的精力。"

如果真这样做，中层管理者就会失去学习的机会。一般情况下，上司身为公司高层，其阅历、背景都比中层管理者深，因此，他看问题的高度、角度会不一样。所以，上司不同意你的方案肯定有他的道理。而中层管理者要做的就是向上级问清楚方案的问题所在，然后根据问题做出修改。如此，中层管理者不但能获得上司的认可，还能在请示工作的过程中，学习上司思考问题的方式。

3.4 分清主次，重点内容重点请示

很多中层管理者在请示工作时，常常会被上司打断："你到底在说些什么？我怎么没听懂？"或者是："这事不着急，我们明天再聊。你先出去，我有更重要的事情要忙。"

为什么会出现这种情况？其实就是你请示工作时没有突出重点。所以，中层管理者在汇报工作时，要注意先选取重点，然后重点阐述。

3.4.1 确定请示的目的

确定请示工作的目的是至关重要的，因为只有先把目的确定了，才知道自己应该着重阐述哪一方面，做到详略得当。如果中层管理者连自己请示的目的都不能确定，其请示的内容必定也是杂乱无章的。在向上司请示工作方案之前，中层管理者要先确定自己的目的是要争取方案通过，还是请求上司给自己的方案做出指示。

在欧莱雅工作多年的苏亚面对这种情况时，是这么处理的：如果是前者，那么，苏亚在请示时就会充分阐述方案的利弊，其重点要放在方案的优势环节。譬如说："网络推广的优势是成本比较低，效果更加持久，能吸引更多的年轻客户。"

如果是后者，苏亚阐释的重点就放在方案不完整的地方。譬如说："传统推广成本太高，我认为可以加大公司的人手做线下活动。但是如果使用这种方法，人手资源调配上有一定问题，希望领导给点儿意见，帮助我解决这个问题。"

3.4.2 不要让潜意识主导你的表达方向

为什么有些中层管理者请示工作很快就能够获得回复，并被上司赏识，而有些中层管理者却被上司批评？

一个人的言语其实体现的就是自己大脑的思想，如果自己都想不明白问题

的重点在哪里，又如何能表达清楚呢？这种现象就是我们常说的让"意识主导了表达"。

有些人思维非常跳跃，他的语言也非常跳跃，常常说着说着，下一句话就跳到另外一个话题上了。比如上一句还在说着"这个工作我们应该这样做"，下一句就变成"我们中午吃什么"，这就是意识主导表达的典型表现。

不少中层管理者在请示工作时也会犯这种错误，表达毫无逻辑。所以，中层管理者在请示工作时，一定要有意识地控制自己所阐述的内容，而不是随着意识走。防止潜意识主导沟通，可以按照以下三个方法进行（见图3-4）。

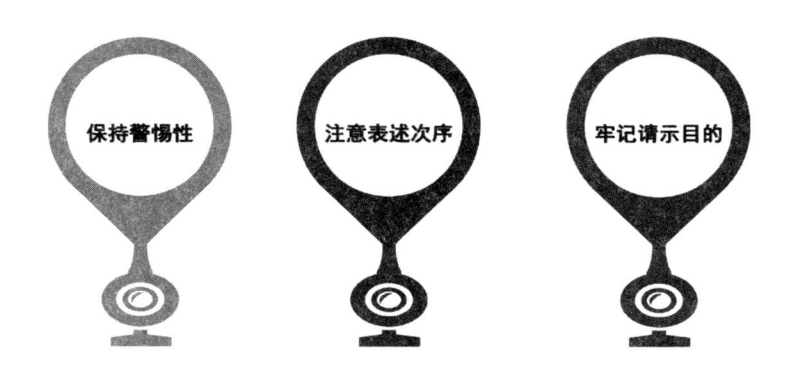

图3-4　防止意识主导沟通的三个方法

1. 保持警惕性

在请示工作的过程中，中层管理者要随时保持警惕性。要注意自己是否跑题了，还在原来的话题上吗？

2. 注意表述次序

中层管理者在做请示时，要注意呈现次序性，可以用第一、第二、第三这样的序数表达方式，使逻辑更加清晰。

3. 牢记请示目的

中层管理者在请示工作的过程中一定要牢记自己此行的目的，如此才不会让自己的表述跑题。

3.4.3 构建请示的主次逻辑

王梓鑫是亚马逊公司的一名市场推广专员,他与李子扬同时进入亚马逊市场部。一年后,王梓鑫发现自己工作总是吃力不讨好,尽管做了很多工作,业绩能力也很出色,但还是得不到上司的青睐。

王梓鑫每次向上司请示工作时,上司总是不耐烦地打断他:"这点小事你自己决定就好了!"但是,有时他不向上司请示,自己做了决定,又被责怪为自作主张。

而李子扬找上司请示工作时,上司的态度却和面对王梓鑫时完全不一样。王梓鑫百思不得其解,为什么会这样?后来,一位同事告诉王梓鑫,这是因为他在请示工作时没有重点。

李子扬在请示工作时,就做到了以下六点(见图 3-5)。

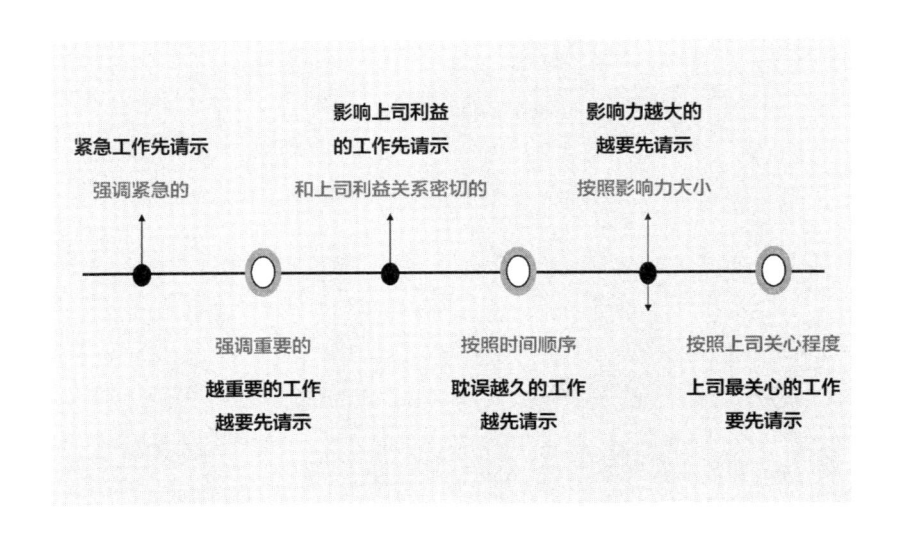

图 3-5 请示工作主次排序的评判标准

3.5 把握请示工作的有效沟通

很多中层管理者认为沟通是一件非常简单的事,事实上并不是如此,特别是请示工作中的沟通,更加复杂,更需要讲究方式方法。一个有效的沟通需要包括三个方面的内容:发送信息、接收信息和反馈信息。

3.5.1 发送信息:清晰地表达请示内容

中层管理者在向上级请示工作时,要明确地把自己的想法告诉上司。因此,在向上司发送信息时,中层管理者要做到以下三点(见图3-6)。

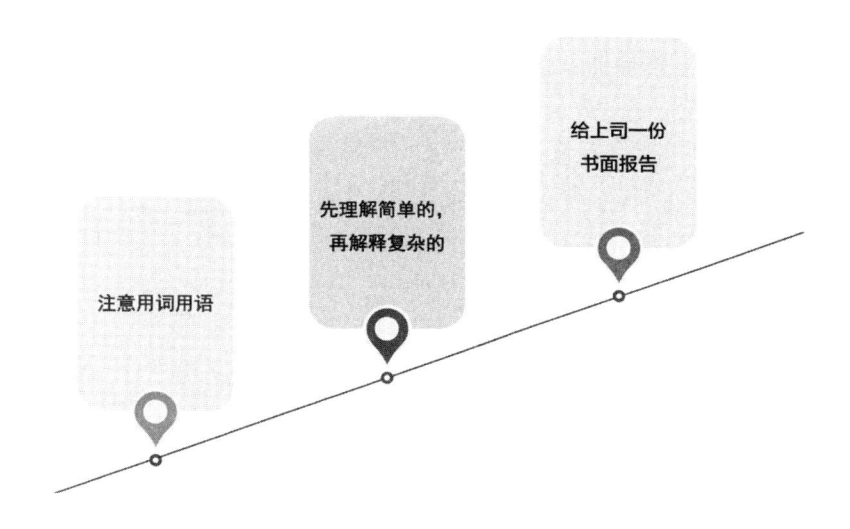

图 3-6　中层管理者发送信息时应注意的三点

1. 注意用词用语

不要使用一些容易引起误会的词语。如果在请示工作时不注意这一点,那么,上司可能就会误解你的意思。

一款APP在进入市场后营销推广得较晚,所以效果并没有那么好。因此,该公司的营销主管请示负责人："根据现在的情况，我们应该继续投入还是撤退？"

该负责人说："现在已经晚了……"其实，该负责人实际想表达的是现在再把广告撤下来已经晚了，只能继续进攻。

但是，营销主管却理解成了相反的意思，随后就把广告撤了下来。

这就是因为沟通者没有明确地表达出自己的想法，而导致出现错误行动的一个典型案例。所以，中层管理者在向上司请示工作时，一定要避免这种情况。

2. 先理解简单的，再解释复杂的

中层管理者在表述时，如果上司就像沙漏一样，在听的同时不断地漏掉一些内容，那么，中层管理者必然无法达到自己的沟通目的。所以，应该先让上司理解简单的部分。对于较为复杂的部分，中层管理者还要着重解释。如此，才能确保上司了解所有的情况，最大限度地保证自己所接收的命令、指示是正确的。

3. 给上司一份书面报告

中层管理者在请示工作时，除了要保证自己的表达不会出现错误，还要给上司准备一份图文兼备的书面报告。如此，上司才能通过具体的文字和图片、数据理解你的意思。同时，在请示过后，上司还可以拿出来再研究，修改决策中的不足之处。

3.5.2 接收信息：明确上司的指示、命令

为什么要明确上司的指令？它在中层管理者的工作中非常重要吗？答案是肯定的。我们可以通过一个案例来了解一下。

杨磊是一家公司的宣传主管，主要负责做广告推广，包括公众号、微博、豆瓣、知乎等平台的文字宣传工作。一日，杨磊想赶一个微博热点，让员工写一篇关于这个热点的文章，在微博和微信公众号做推送。但是，这个热点是和某个明星的黑料相关的。

员工写完之后，杨磊也拿不定主意到底要不要发布。这篇文章如果发出去，

确实可以吸引不少关注度，但是会给用户，特别是对该明星的粉丝造成负面影响。于是，杨磊向上司请示，希望上司来做决定。

可是，此事的请示却让杨磊差点遭遇了职场滑铁卢，因为他误解了上司的意思。上司说："这个事情确实可以提高公司产品的关注度，可以推送，不过内容要修改一下。"杨磊没有仔细考虑上司说的"修改一下"的意思，上司是想把文章中的负面内容修改一下，而杨磊只是对此稍微做了一下润色。

文章发布出去后，虽然获得了不小的关注度，但是，却让公司的形象受到了损害。杨磊因此被上司狠狠地斥责，并被扣除当月的绩效奖金。

中层管理者向上司请示工作的目的，就是要得到上司的指示、命令，让自己负责的工作能够顺利开展。但是，有不少中层管理者却经常误解上司的意思，导致事与愿违。所以，在接受上司的指示、命令时，一定要明确。如有疑惑，一定要当场问清楚。

要明确上司的指令，中层管理者就需做到以下三点（见图3-7）。

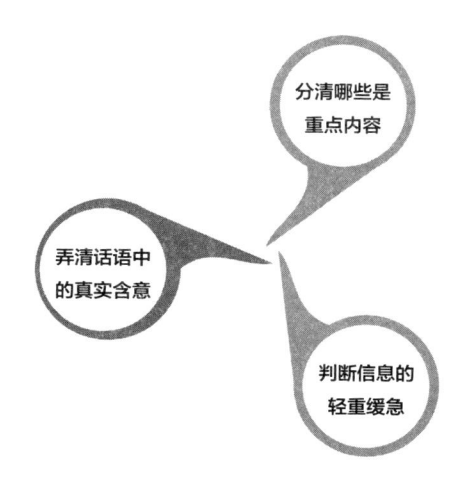

图3-7 中层管理者明确上司指令需做到的三点

3.5.3 反馈信息：保证信息不被误读

中层管理者要明白，一个有效的沟通，不只包括发送和接收，还包括反馈。在沟通时，对上司的表达应及时做出回应，让上司了解自己对他所说的内容的理解程度以及想法。即使产生了误解，也可以及时得到解决。那么，如何才能做到积极反馈呢？中层管理者可以按照以下四个方法进行（见图3-8）。

图 3-8　积极反馈的四个方法

1. 明确反馈

反馈给上司的内容需要明确和具体，如此，才能避免产生歧义。如果因条件限制，无法立即反馈给上司，那也要让上司知道这一点。同时，要认真地对自己接收到的信息进行思考，然后告诉上司自己的理解和想法，这样上司就能知道你是否真正明白他所表达的意思。

2. 客观反馈

把自己的看法和意见积极地反馈给上司，在反馈时要多用"描述性词语"，尽量不要使用"评论性词语"。你的反馈意见只能针对请示工作本身，而不是其他，要保持反馈信息的客观性。

3. 换位思考

换位思考一直是我们所强调的。它的功用非常强大，几乎可以应用在任何地方。所以，中层管理者在反馈时，要从上司的角度去思考问题，从而理解上司的想法与感受，这也有利于让上司去了解你的想法与感受。

4. 基于事实

如果不认同上司的指令，那么，中层管理者要把原因明确地告诉对方，用事实让上司明白你为什么会不认同他的指令。

第 4 章
执行到位：没有 100%，一切等于 0

管理界流传着一句话："没有失败的战略，只有失败的执行。"当决策定下后，接下来的工作就是执行。那么，执行到什么程度才算是执行到位呢？没有做到 100%，都不算是执行到位。

4.1 没有失败的战略，只有失败的执行

所谓执行力，就是指贯彻战略意图，完成预定目标的操作能力。执行到位是把公司战略和规划转化为效果、成功的关键。也就是说，上司的决策是否能转化为效益，关键就看决策的实际执行者——中层管理者有没有执行力。

4.1.1 执行力就是"快、准、狠"

什么是执行力？它的实质内涵到底是什么？我们可以从"快、准、狠"的角度来理解（见图4-1）。

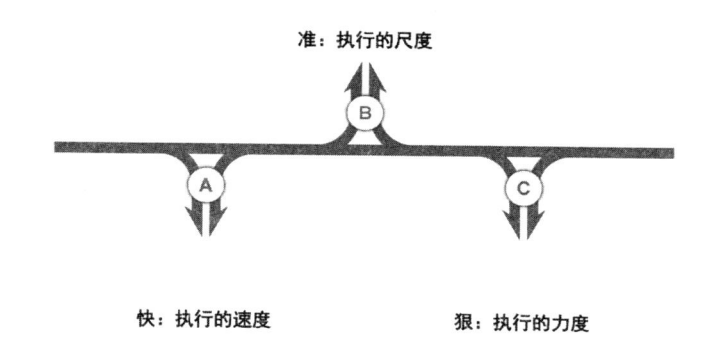

图4-1 执行力的三种内涵

1. 快：执行的速度

在乒乓球比赛中，速度是非常重要的。谁的速度快，谁的胜算就更大。执行力强的中层管理者，一般都注重速度，强调立即执行，从不拖拖拉拉。

2. 准：执行的尺度

对乒乓球有所了解的人都知道，只有打在对手的空当处或是打出"追身球"，得分的机会才大。同理而言，中层管理者在执行时也需要紧紧扣住上司的决策核心，不偏离主体，围绕着决策核心去执行，才不会出现偏差。

3. 狠：执行的力度

打乒乓球一定要有力度。执行也是如此，如果不够狠，其执行的效果就会差，许多工作就会做得虎头蛇尾，缺乏后劲与持续力。

4.1.2 执行的九种能力，做高效中层

中层管理者在执行决策的过程中，需要掌握九种能力，如此才能高效完成任务（见图4-2）。

执行前 —— 领会力、预测力、计划力

执行中 —— 服从力、组织力、创新力

执行后 —— 评估力、问责力、调整力

图4-2 三个时段的九种执行力

1. 执行前：领会力、预测力、计划力

领会力是执行过程中需要的第一能力。领会力是指中层管理者理解上司的决策精神、认识新任务、理解新问题的能力，为执行做好准备。

执行前的预测力是指能把握到市场未来的发展方向，做好执行过程中各种风险准备的工作。

执行前的计划力是指不管做什么事都要有计划。通常来说，计划有目标、时限、手段以及主体四要素，也就是任务的内容、完成任务的期限、完成任务的方法、任务的执行者。要把决策变成具体的、可执行的计划。

2. 执行中：服从力、组织力、创新力

服从力是指中层管理者在上级的带领下，做出符合上级规范要求的行为。这是一种组织观念的表现形式。简单地说，就是中层管理者要绝对服从上司的命令。如此，才能让公司实现上下一致、认识一致、行动一致，提高整体的效率。

组织力是指中层管理者协调组织内部相互之间的关系，让员工为实现目标而有效工作的能力。简单地说，中层管理者要善于用人，把员工安排在最合适的岗位上，提高工作的效率。

创新力是指中层管理者在执行任务的过程中，能想到别人未想到的，做别人未做过的，能给上司提出新见解，并以此实现工作的新突破。

3. 执行后：评估力、问责力、调整力

评估力是指中层管理者拥有对决策的科学性、可行性以及实施后的效果进行评估的能力。如果能对决策以及运行态势进行评估，发现实施过程中的偏差，就能最大限度地保证最后的效果。

问责力是指中层管理者必须拥有根据评估结果对执行人员进行问责的能力。任务失败后，谁的责任更大？谁无责任？中层管理者必须有自己的评判标准，只有公正公平，做出的问责决定才能让员工心服口服。

调整力是指中层管理者需具备修正执行过程中存在的缺点与错误，让任务完成得更加圆满的能力。中层管理者需针对评估与问责提出自己的意见，结合出现的新情况，对任务执行过程中存在的缺点进行修正。

4.1.3 管好工作，提高执行力

中层管理者要提高自己的执行力，管好工作，才能把自己的能力与时间转化为最好的结果。中层管理者可以从以下三个方面对自己的工作进行管理，从而获得提升（见图 4-3）。

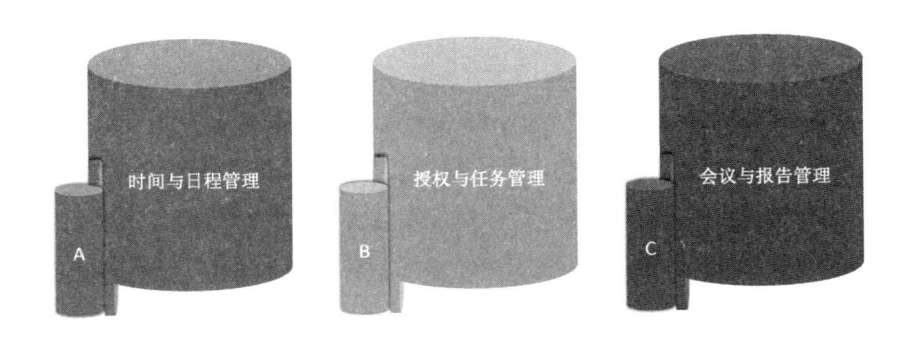

图 4-3　工作管理的三个方面

1. 时间与日程管理

围绕自己的工作核心安排月、周、日工作计划，分清任务的轻重缓急，并根据任务的重要程度来安排自己的工作时间。

美国著名企业家威廉·穆尔在格利登公司销售油漆时，第一个月的工资只拿到了 160 美元。但不久后，他的工资就达到了 1000 美元。原因很简单，他仔细分析了销售图表，发现他收益的 80% 都是来自 20% 的客户，但是，之前他投入在每个客户身上的时间都差不多。而之后，他把 80% 的时间花在了 20% 的客户身上，从而，他提高了自己的工作效率。

2. 授权与任务管理

中层管理者必须明白什么任务要由自己完成，什么任务可以交由员工去处理，自己只要做好跟踪监督工作即可。如此，才能让自己有更多的时间处理重要的事情。

范·弗利辛根是 SHV 的股东之一，也是欧洲最富有的人之一。他之所以能取得如此成就，就是因为他从担任中层管理的职位开始，就非常懂得用人，懂得授权与任务管理的艺术。他认为，"适当的授权是成功的一半，一个任何事情都要亲自过问而不懂得授权的管理者，做不了大事"。

3. 会议与报告管理

高执行力的中层管理者非常善于利用会议与工作报告来布置工作、了解情况,且从不开无效会议,浪费自己和大家的时间。在开会前,他们就能做好各种准备;开会的过程中,能有效把控会议时间、进程、气氛;开会后,他们能完成自己设定的目标。

4.2 三个时间管理工具,别让执行毁于拖延

大部分的中层管理者都觉得时间管理很重要,学会了时间管理,就能用80%的时间去做20%有核心价值的事情,能够提高执行力,节约时间成本。可是,即使知道时间管理很重要,却仍有不少中层管理者犯拖延症。

譬如,公司要参加一个展会活动,上司给了你一个星期的准备时间,但最后往往还有很多零碎的细节没有处理好。结果,你给上司留下了执行不力、能力不足的负面印象。也许你也很委屈:"我也没闲着啊,为了这次展会活动,我和手底下的员工都快累死了,是领导要求太高了吧!"其实,真不是领导要求太高,而是你没有管理好自己的时间,你只是看起来很"忙"。

那么,中层管理者该如何管理好自己的时间,不让自己的执行毁于拖延呢?

4.2.1 用80%的时间去做20%的核心价值事情

"用80%的时间去做20%的核心价值事情"的概念来自80/20法则。80/20法则是由意大利经济学家帕累托提出,他认为"原因与结果、投入与产出、努力与报酬之间存在着无法解释的不平衡。在通常的情况下,产出或报酬是由少数的原因、投入和努力产生的,若是以数学的方式来对这个不平衡现象进行测量,得到的基准线结果是80/20的关系"。

也就是说,结果、产出或报酬的80%是由20%的原因、投入或努力决定的。这对中层管理者进行时间管理有一个重要启示:"在你所做的努力中,通常有80%的结果来自20%的时间付出;另外80%的时间付出,则只能带来20%的

收获。"

《一周工作4小时，晋身新富族》一书的作者美国人提摩西·费里斯，曾经也像大多数工作者一样，每天需要工作十四个小时，才能获得四万美元的年收入。但是现在，他只需要一个星期工作四个小时，就能够获得比以前高12倍的收入，时间报酬率则是以前的数百倍。在其他时间里，他去主持电视节目、冲浪、跳探戈，生活得很轻松。

那么，他是如何改变自己的工作状态的呢？有一天，他工作到疲惫不堪时，偶然读到80/20法则，他发现这条法则适用于所有事情。他仿佛发现了新大陆，立刻找出客户与业绩的关系图，发现公司95%的业绩都是由5%的客户撑起来的，但其他95%的客户却占据了他大部分的工作时间。于是，他立刻把时间重新分类，不再把太多时间花在那些可有可无的客户身上，专心负责那些5%的客户。同时，他也把这一方面运用在信息处理、会议主持方面。因此，他从过去的穷忙族变为现在的新富族。

1. 认真挑选需要贡献80%时间的事情来完成

假如你一天有10件事情需要完成，那么，根据80/20法则，你需要认真地挑选出其中最重要、完成后能获得80%价值回报的事情。那么，如何进行挑选呢？你可以根据"四象限法则"，按照事情的轻重缓急来挑选（见图4-4）。

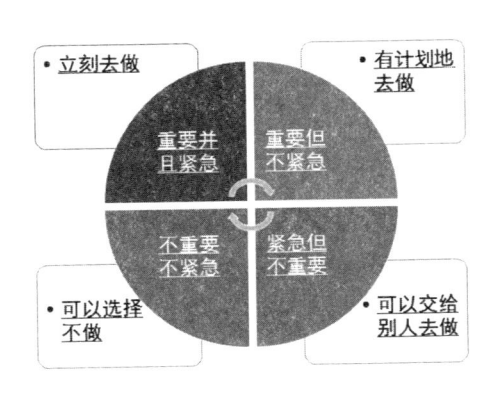

图4-4 四象限法则

2. 给重要的 20% 的事情留下整块时间

要运用好 80/20 法则，中层管理者需要给这两件事情留下整块的时间，这样才能让自己保持专注。专注地做事不仅能加快速度，还能保证工作质量。

比如，你在写一份请示方案时，就可以在门口贴上免打扰的牌子，把自己的电话关机，两个小时你就能完成任务。但换成另外一种情况，你在写请示方案时，领导找你沟通了一些问题，员工来请示你一些问题，家里人给你打了个电话，结果你到下班前才能完成方案。所以，给 20% 的事情留下整块的、免打扰的时间是至关重要的。

4.2.2 GTD，让你无压工作

你为什么一直在忙碌，但最后还是拖延了时间，而且满身疲惫呢？很简单，就是你不懂无压力地工作。如何做到这一点，GTD 工作法则帮助你完成。该概念由戴维·艾伦在《尽管去做——无压工作的艺术》中提出，后被各大公司广泛应用。

小刘刚进猎聘网担任秘书时，每天都需要加班加到很晚才能勉强把工作完成。为此，小刘感到了巨大的工作压力，一度想辞职。但有一天，其同事给他介绍了一本《尽管去做——无压工作的艺术》，他学会了书中的工作方法，按照该方法的步骤一步步进行，工作效率马上就得到了提升，这就是 GTD 工作法则（见图 4-5）。

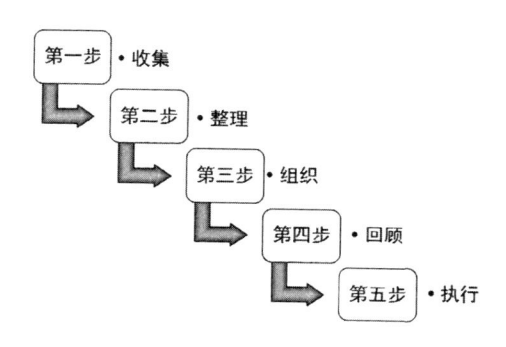

```
第一步 · 收集
   ↓
  第二步 · 整理
     ↓
    第三步 · 组织
       ↓
      第四步 · 回顾
         ↓
        第五步 · 执行
```

图 4-5　GTD 五步工作法

第一步是收集

小刘把自己所有能够想到的没有做的事情都罗列出来，并放入记录工作的工具中。做收集的目的是把一切赶出大脑，只留下相关的工作。

第二步是整理

把未做的事情放入记录工具中，小刘不定期地对其进行整理，然后把这些未完成的工作按是否可以付诸行动进行区分。对于不能付诸行动的内容进一步分为参考资料、日后可能需要处理以及垃圾几个类型。对于可行动的工作，再考虑是否可以在两分钟内完成。如果可以，就立即行动；如果不行，就对下一步行动进行组织。

第三步是组织

这一部分是 GTD 中最核心的步骤，可分为对参考资料的组织与对下一步行动的组织。对于前者，小刘处理得很简单，根据 GTD 原则建立了一个文件管理系统；后者分为下一步行动清单、等待清单和未来/某天清单三个部分（见图4-6）。

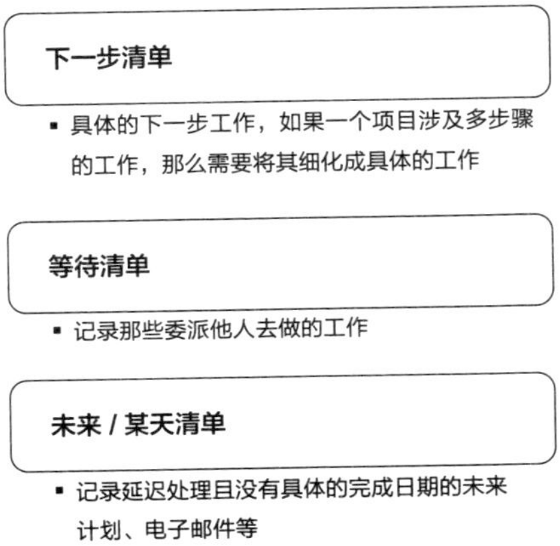

下一步清单
- 具体的下一步工作，如果一个项目涉及多步骤的工作，那么需要将其细化成具体的工作

等待清单
- 记录那些委派他人去做的工作

未来/某天清单
- 记录延迟处理且没有具体的完成日期的未来计划、电子邮件等

图 4-6　下一步行动组织的具体内容

除此之外，小刘将下一步行动组织做了细化处理，按照地点分门别类，标明什么工作只能在什么地方完成，这样做的目的，是想让自己到这些地点后，能够立即明确该做哪些工作。

第四步是回顾

小刘每周都会对清单进行回顾与检查，通过回顾与检查来对清单进行更新，并确保自己没有遗漏任何工作。在回顾的同时，小刘会对未来一周的工作进行计划。

第五步是执行

完成以上四个步骤后，小刘就按照每份清单开始执行工作。执行工作也并非一成不变的，还要根据所处的环节、时间的多少、精力情况以及重要性来选择清单上的事项。

4.2.3 基本工作点核对，应对变化

中层管理者在工作时，经常需要处理一些紧急情况，因而会打乱事先安排好的计划。比如，你正在工作时，领导通知你去开会。这种突如其来的情况，常常会让中层管理者无法按时完成某些工作。那么，该如何安排时间来改善这种情况呢？其实，可以把明确的时间安排改为无限制的时间安排，不要设立固定的框架。在弹性的时间安排中，只需要确定今天需要完成的工作即可。

一家 P2P 网络贷款公司的一名客户主管每天都会做这样一件事：在开始工作之前模拟计划，想象自己正在工作时，突然出现预料之外的紧急情况，工作安排全被打乱，然后他会设想自己接下来该怎么处理这件事情。他的处理很简单，就是接受它，然后对基本工作点进行核对，保证意外不会影响自己今天应该完成的工作。

一般他会查对以下两种类型的基本工作（见图 4-7）。同时，也会注意不要让自己的负荷过重，需要保证自己即使有临时工作出现，也能在今天完成原计划工作。

基于功能的工作要求
- 优先事项的时间是否得到保证
- 打电话与回电话
- 用TRAF法处理文件、电子与语音邮件
- 继续关注已进行的工作
- 用在非优先事项的两小时，可零散分布在全天
- 每天安排对每个直接报告人的简短接见
- 每天安排与上司的摸底性遇见

基于内容的工作要求
- 与老客户的联络
- 发展新客户
- 数据处理
- 授权与员工培养
- 撰写备忘录、信件、报表、营销策划案、战略计划

图 4-7　需要核定的两种基本工作内容

4.3 高效协同，融合组织的整体执行力

　　职场没有个人英雄主义，任何事情的成功其实依靠的都是团体的力量。中层管理者要想完美执行上司派遣的任务也需要依靠团体的帮助。此时，中层管理者的协调能力就体现出来了。一个拥有超强协调力的中层管理者势必能融合组织的整体执行力，使组织能高效协同地帮助自己完美完成上司下达的任务。什么是协调能力？它是指中层管理者决策过程中的协调指挥才能。

4.3.1 协调力，三者缺一不可

　　中层管理者如果想拥有超强的协调力，能有效运用组织的力量，首先就要培养自己以下三个方面的能力（见图4-8）。

图 4-8　高协调力需培养的三个能力

1. 沟通能力

指中层管理者需要通过语言或是其他媒介向他人传达工作信息，并让他人理解，从而保证任务的顺利进行。中层管理者传达信息必须做到迅速及时，让组织成员在第一时间接收到信息。此外，还要保证组织成员能顺利理解自己所传达的信息。

2. 激励能力

中层管理者要善于利用各种手段来激励组织成员，以激发组织成员的积极性、主动性与创造性。要拥有这一能力，中层管理者必须做到以下四点（见图4-9）。

3. 社交能力

指中层管理者在社交过程中建立良好的人际关系的能力。比如，与上司和员工建立良好的关系，以利于组织任务的顺利开展；与其他部门建立良好的关系，以利于公司内资源的调节等。

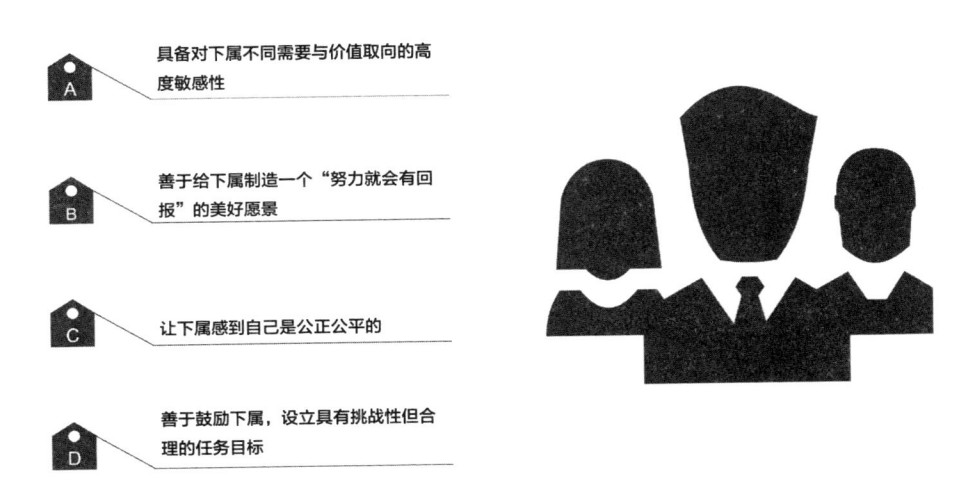

- A 具备对下属不同需要与价值取向的高度敏感性
- B 善于给下属制造一个"努力就会有回报"的美好愿景
- C 让下属感到自己是公正公平的
- D 善于鼓励下属,设立具有挑战性但合理的任务目标

图 4-9 拥有激励员工需掌握的四点技巧

4.3.2 协调方式不同,效果相同

中层管理者的协调工作贯穿于日常管理活动的始终,因此,掌握一定的协调方法对开展协调活动是十分重要的。

1. 会议协调

会议是中层管理者进行工作协调的有效方法之一。不过,要想达到效果,中层管理者需要知道自己在会议上应该做什么、目的是什么。在会议开始时,就要说明会议的目的和所要达成的协调方案。与此同时,还要紧紧围绕核心主题,激发组织成员积极发言,以此来了解组织成员的工作动态以及需要协调的部分。主要的会议形式有以下三种(见图4-10)。

2. 现场协调

现场协调是一种快速有效的协调方法。在协调时,中层管理者要把相关人员带到问题现场,让他们当场说出问题产生的原因,然后共同讨论决定解决问题的办法。现场协调有利于让组织成员之间快速达成共识,让问题在最短的时间内得到解决。不过,中层管理者在协调的过程中一定要做好调解工作,避免矛盾激化。

信息交流会议
由团队内各专业成员组成，通过交流各个专业活动的信息，使团队达成共识，减少工作冲突

信息反馈会议
团队成员充分表达自己的观点、态度与意见。中层管理者对信息充分接收，解决不足，提出新的意见

培训会议
传达上级指令，增强对团队成员的了解，进行针对性培训。对任务计划进行解释，最后实现个人目标与组织目标相一致

图 4-10　会议协调的三种形式

3. 结构协调

指中层管理者可以通过调整组织机构、完善职责分工等方式，对任务进行协调。在现实工作中，出现了不少因为分工不清、职责不明而导致任务失败的情况。中层管理者应采取结构协调的办法避免这种情况的发生。

结构协调可以分为两种方式：一是协同型，当出现问题时，所有相关人员都有责任，但没有全部的责任，这时就需要通过分工与协作来明确各自的职责；二是传递型，需要对任务流程中的衔接问题进行协调，需把问题划给与任务关系最密切的组织成员去协调解决，并增加其职权范围，方便其更好地进行协调工作。

4.3.3 协调时的技巧

叶起是通用汽车一家 4S 店的主管，他常常为了手下没有一个堪当大任的员工而烦恼。每次上司交代给他一个新任务，都会把他忙得不可开交。叶起决定改变这种情况，他向上司申请招一些新员工。

但是，叶起的上司并没有立即答应他的请求，而是让叶起按照自己的话再去试一个月，一个月后如果还是这种情况，就同意他聘请新人。

叶起的上司要求他做到几点：一是去多了解员工，看看他们有什么需要，站在他们的角度去思考对工作的看法，并了解每个员工的特长。二是向员工说出自己的需要。叶起并不擅长制作表格，因此，他可以让擅长这项工作的人来帮助自己。三是把工作安排给员工，多信任他们，并时常给予员工肯定。

叶起按照上司的要求做了一个月，这一个月里，他发现自己的工作量减少了，与同事间也更加亲近了，而且，工作还顺利地完成了。叶起之前之所以"吃力不讨好"，就是因为他不懂得利用组织的资源来帮助自己完成工作。

公司很多的工作任务往往需要组织成员共同完成，但很多时候，中层管理者会像案例中的叶起一样，往往出力不讨好。究其原因，还是他们没有掌握协调的技巧。总的来说，协调时的技巧可以概括为五点（见图 4-11）。

图 4-11 五大协调技巧

1. 换位思考

中层管理者要多了解自己的组织成员，能站在他们的角度思考问题。如此，才能更好地去协调不同利益关系的组织成员，让整个组织保持一致的工作方向。

2. 说出自己的需要

中层管理者对组织成员一定是有所求的，因此不要羞于向组织成员说出自己的需要，明白地说出来，组织成员才会知道他们该怎么帮助你。比如说，上司让你出一份季度报表，但你并不擅长。那么，此时你就需要一个懂制作报表、懂市场调查的组织成员来帮助你，这样你就能把这项工作做好。

3. 肯定并赞美员工

对于在共同事务中付出努力的组织成员，中层管理者一定不能吝啬给予正面的肯定和赞赏。多赞美员工，能激励员工更努力地去完成目标。

4. 给予充分信任

组织要共同执行一个任务时，中层管理者一定要充分地信任组织成员，只有相信别人能够做好，大家才会劲儿往一处使。

5. 寻找利益共同点

每个人的利益点不同，此时，中层管理者需要慎重考虑每个组织成员的利益点，然后从中找到共同点。比如说，完成这个任务后，大家都希望公司给一个旅游奖励。那么，中层管理者就可以以这个共同的利益点来把大家凝聚在一起。

4.4 PDCAR 法则：计划、行动、检查、总结、备案

PDCAR 法则在中西方的管理界运用得非常广泛，它属于一种计划流程。PDCAR 法则的核心点是在做事中学做事，以培养今日事今日毕以及不犯第二次错误的习惯。把这个法则用在执行上，可以使中层管理者的执行力得到迅速提升。

4.4.1 P：Plan，有计划才有效率

PDCAR 法则中的 "P" 是指英语中的 Plan，代表计划。中层管理者在做计划时，需考虑以下四个事项（见图 4-12）。

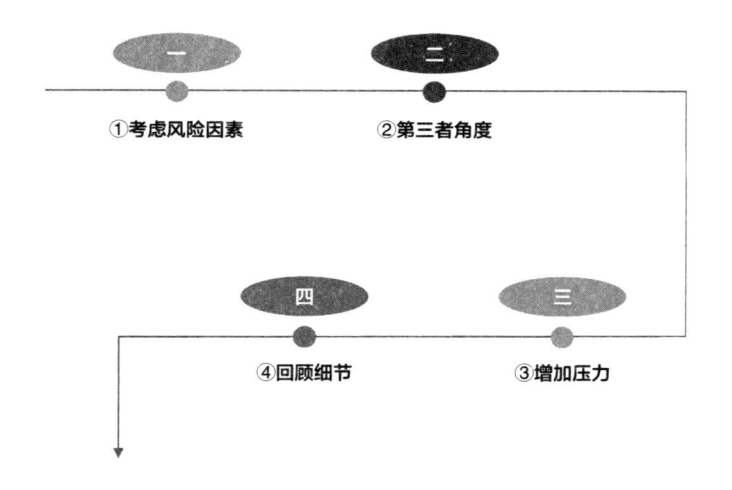

图 4-12　做计划时需要考虑的四个事项

1. 考虑风险因素

制订计划时，应尽可能地考虑到一切引发风险的因素，并制定出相对应的措施。

2. 第三者角度

中层管理者对于在计划执行过程中产生的问题，一定要秉着实事求是的态度，站在第三者的角度冷静、客观地去通盘考虑自己的计划。

3. 增加压力

在实施计划的过程中，适当地给自己增加一些压力，才能更好地督促自己执行。中层管理者可以通过适当缩短预期的执行时间来增加压力。

4. 回顾细节

计划实施完毕后，对整个执行过程进行回顾，考虑细节。确认哪个部分是成功的，哪个部分是失败的。记下失败之处，保证自己不犯同样的错误。通过这种实践，中层管理者的思维会变得更加细致敏捷，也能更加客观、冷静地看待问题。

4.4.2 D：Do it，行动决定一切

中层管理者没有执行力，完成不了上司交代的任务，缺少的就是行动力和坚持不懈的精神。所以，中层管理者要提高自己的执行力，就一定要做到果断行动，坚持不懈，不轻易改变自己的目标，不因为一时的困难而退缩。

日本麦当劳的开拓者藤田田上大学时就决定以后要自主创业，他一毕业就在一家电器公司上班，从上班的第一天起，他就为自己的创业目标做准备。六年后，他毅然辞职，决定去实现自己的创业目标——经营麦当劳。但是，他当时只有五万美元的存款，远不够获取麦当劳特许经营资格的费用。

但是，他依然信心十足地朝着这个目标前进。他向住友银行总裁表明了自己的创业计划与求助心愿，但是对方拒绝了他。虽然藤田田有点失望，但是他并没有放弃，继续对住友总裁说："先生，是否可以听听我这五万美元存款的来历呢？"对方回答可以。

于是，藤田田叙述了自己为这五万美元存款所做出的努力，自己是怎样经住了各种诱惑，只为实现自己存够钱就辞职创业的目标。住友总裁听完了这个故事，在确认了真实性后，决定给予藤田田支持。

在达成目标的管理上，中层管理者应该志向存高远，意志坚如铁。即使在实现目标的过程中遇到各种阻碍，也要始终明确自己的目标，坚持不懈地用自己的实际行动去实现它。

4.4.3 C：Check it，反复检查，及时调整

计划实施后，中层管理者要对计划进行反复检验。如果在检验中发现了偏差，则需要查缺补漏、及时调整，避免犯下更大的错误；如果在检查中证实了计划的有效性与正确性，就可以加大投入，将计划执行到底。

那么，中层管理者如何检查才能知道自己的计划在执行中不会出现错误呢？我们可以学习一下在三菱汽车担任销售主管的林意的做法（见图4-13）。

4 结果处理
分为合格与不合格，对不合格的另行处理

3 界定检查责任
定期检查与阶段检查由任务主管负责，完成验收检查由任务发布人负责

2 明确检查方法
不同任务用不同检查方法，分为定期检查、阶段性检查、完成验收检查

1 确定质量标准
以任务要求为基础

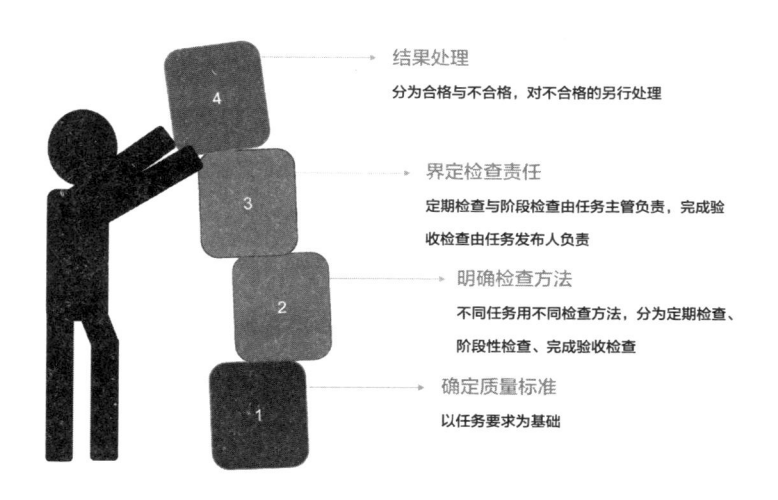

图 4-13　任务检查的四个步骤

第一步：确定质量标准

林意在检查计划之前，会先确定计划执行的质量标准。质量标准以任务发布者的质量要求为基础。

第二步：明确检查方法

林意会根据每次任务的不同实施不同的检查方法。林意根据检查频率将检查分为三种：一是定期检查，由主管人员定期对任务执行情况进行检查，以判断任务执行是否存在问题，并保证任务的正常执行。其检查周期，林意会根据实际情况而决定。二是阶段性验收检查，是指在子任务或某些重要操作完成后，对任务进行验收性检查，确定合格之后，才会允许下一阶段任务的执行。林意会根据任务的结构和性质来确定阶段，一般都是一个子任务为一个阶段。三是完成验收检查，是指在工作任务全部完成后，由任务发布人，也就是林意的上司对任务的整体完成情况进行全面的验收检查，以确认任务是否达到了预期标准。

第三步：界定检查责任

不同阶段的检查工作，其责任归属不同，林意根据任务需要，将其分为两

种：一是定期检查与阶段性验收检查，由主管人员负责，也就是林意自己负责；二是任务完成后的整体验收检查，由任务发布者负责，也就是由林意的上司负责。

第四步：结果处理

林意将检查结果分为合格与不合格两类。若不合格，会根据实际情况，采取以下三种处理方法（见图 4-14）。

特殊接收　不合格也接收，但只适合不合格程度较小和任务主题目标基本完成的情况

修正调整　对不合格的部分进行修正与调整

重新完成　即重新完成部分子任务、重要操作要素或整体任务。只适合情况较严重时

图 4-14　检查不合格的三种处理方法

4.4.4 A：Action Again，不畏失败，从头再来

中层管理者在执行计划的过程中，难免会遇上失败和挫折。此时，千万不要气馁，要学会从失败中吸取经验与教训，不被失败击垮，从头开始执行计划。重新开始的勇气与决心是每个具备强执行力的中层管理者必备的素质，也是自省的一种表现。

4.4.5 R：Record，详细记录，认真总结

具备强执行力的中层管理者总会在计划完成后，对计划执行过程中的经验和教训、失败和成功、不足和优势进行认真总结，并将计划执行的详细情况进

行记录与备案。不管计划执行得是否成功，有关该计划的详细信息都能为中层管理者提供可借鉴的资料。在下次执行任务时，中层管理者就能补足不足之处，巩固优势之处。

4.5 建立注重结果的思维模式

西点军校对于执行有这么一个理论："执行就是把目标变成结果的行动。"没有一个完美的结果，任务过程再完美，执行也是失败的。所以，执行是否成功，最重要的还是看最后的结果。

4.5.1 缺乏结果思维的根源

高远曾是 IBM 的一名管理顾问。在去 IBM 上任前，他就意识到该公司存在不少问题，不过他仍对 IBM 充满信心。因为在过去，这家公司开发出了不少好产品，获得了巨额的利润。

但是，他上任后在巡视 IBM 时却发现，各种各样的产品和营销计划都被员工搁置在办公桌上。当他问某个他十分看好的产品在市场上的表现如何时，得到的回答却是"该产品从未被推出，所以根本没有什么市场数据"。

很快，高远找出了问题所在。IBM 之所以会浪费这么多的好产品，就是因为缺乏结果思维。IBM 的中层领导们只负责发布命令，认为把产品研发出来就好，却没有想过研发产品的目的是什么。制造产品的目的就是把产品推向市场，从而获得收益。

没有建立注重结果的思维模式是因何所致？原因有三：一是认识问题，不懂什么是结果；二是态度问题，不愿意去做出结果；三是能力问题，做不出结果。

执行就是有结果的行为，而这个结果必须包含三点（见图 4–15），缺少任何一个因素，都等于没有结果。

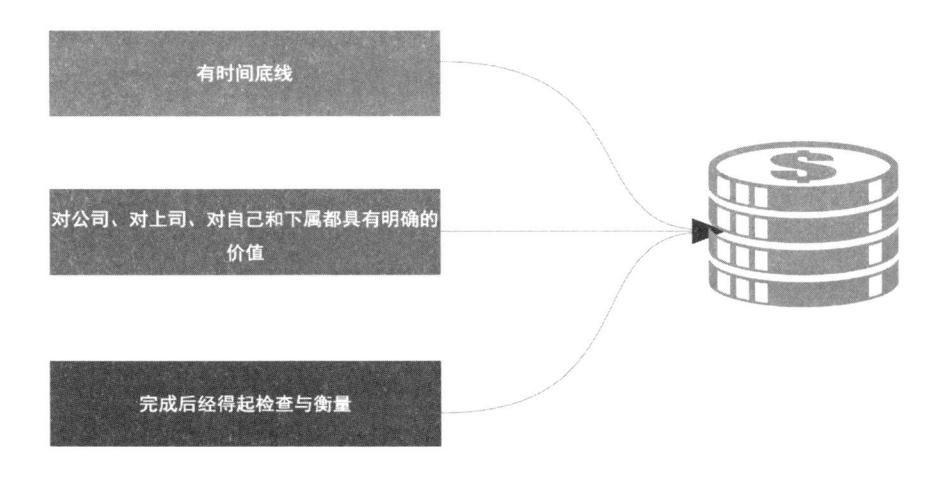

图 4-15　提供的结果必须具备的三个因素

4.5.2 态度、职责、任务都不是结果

中层管理者如果要建立一个注重结果的思维模式，那么，对结果的真正含义，就必须有一个清晰的认知（见图 4-16）。

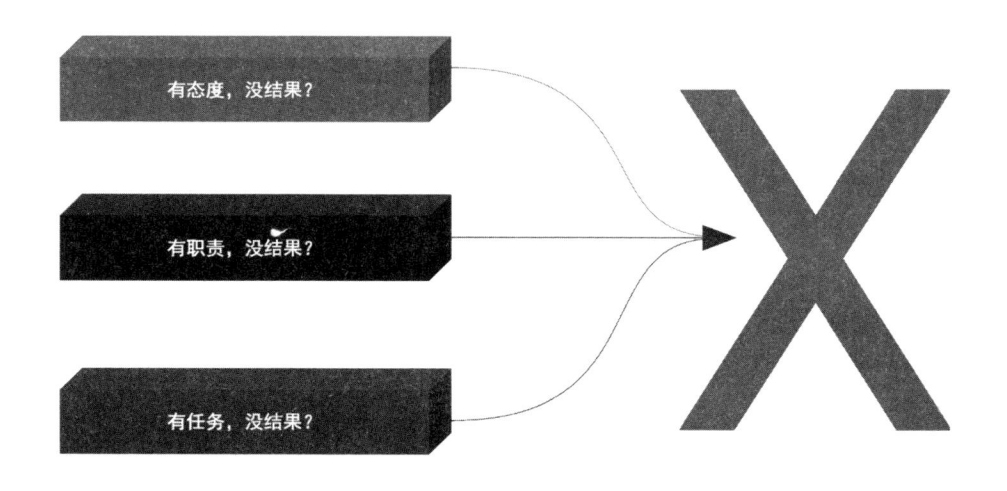

图 4-16　结果不等于态度、职责、任务

1. 有态度，没结果？不行

中层管理者也许常常会听到员工说这样一句话："我没有功劳，也有苦劳，为什么对我这么不公平？"或者是："我已经尽了最大的努力了。"他们觉得自己非常努力，但是，上司还是对他不满意。可是，我们换个角度去想一想，如果每个员工都只求苦劳，而不求功劳，那这个公司还能发展下去吗？所以，工作态度虽然对结果会起到一定的作用，但并不是决定性的作用。作为一个中层管理者，对态度好的员工应该表扬，但也要处罚达不到结果的员工。

2. 有职责，没结果？不行

所谓的职责，就是对工作范围与边界的抽象概括。我们面对一个失败的结果时，常常会说："我们该做的都做了。"比如说我们做一道菜，一个人负责买菜，一个人负责洗菜切菜，但是，最后你却没有吃到这道菜。你跑去问那两个人，为什么菜一直不上桌？他们回答你，因为负责做菜的那个人没有来。然后你问他们，为什么你们不做呢？他们回答说，他二人只负责买菜和洗菜、切菜，炒菜不在他们的职责范围内。此时，你的想法是什么？他们确实是尽到责任了，而且完成得很好，可结果却不是你想要的。这就是没有结果思维的典型表现，没有结果，职责内的事情做得再好有什么用？

3. 有任务，没结果？不行

什么叫有任务，没结果？我们可以通过一个案例来了解一下。

妮娜是可口可乐的一名销售主管，她在管理员工的过程中遇上这样的情况：她交代了一项任务，员工没有完成，但是，员工却对她说："我已经按照你的要求做了！"妮娜非常生气，员工却感觉委屈。

具体情况是这样的，妮娜让她手底下的一个员工去约见客户，该员工接到指令后，就按照妮娜所说的约客户见面。一个月后，该员工向妮娜汇报说："已经见完所有的客户了！"妮娜问他业绩怎么样，该员工回答说："没有业绩。"妮娜非常生气，批评说："与客户谈了一个月，居然没有业绩？你确实去见客户了吗？"该员工回答说："我已经按照你的要求去做了！但你没说让我去谈业绩！"

从这个案例中，我们可以发现一点，与客户见面联络感情是任务，可是，这个任务的目的是什么？是要获得业绩，这是妮娜要的结果。没有结果，任务完成得再好也没有用。

第 5 章
汇报结果：亮出自己，学会职场"显规则"

你的努力是否能被上司看到，就看你是否掌握了汇报工作的技巧。掌握了技巧，汇报展示的就是你自己的能力；掌握不了技巧，汇报展示的就是你的愚蠢。

5.1 汇报能力决定你的职场曝光率

许多自认为"怀才不遇"的中层管理者也许有这么一个疑问:"为什么我的能力比他强,来公司的时间比他久,可是他却比我更受上司的青睐,比我先升职了?"其实,很大一部分原因是这些"怀才不遇"的中层管理者不懂得汇报。要知道,在职场上,汇报能力直接决定了中层管理者的职场曝光率。在上司面前的曝光率越高,上司对你的印象就越深刻;汇报做得越好,上司对你的印象就越好。

5.1.1 为什么只有你不懂汇报

艾米莉是美国雪佛兰公司的一名销售主管,她的能力非常强,其销售业绩一般都排在公司前列。按理来说,进公司两年的艾米莉应该升职,可是,比她资历浅的、业务能力不如她的同事都升职了,而艾米莉却没有升职。为此,她感到非常不公平,还考虑是否该换一个能赏识自己的公司。一天,艾米莉的上司发现了这个问题,主动找艾米莉谈话,告诉她之所以没有升职,就是因为她不懂得汇报。

有不少中层管理者与艾米莉一样不懂汇报,分析原因,可以概括为四个方面(见图5-1)。

1. 认知错误

有不少中层管理者存在着这样一种错误认知,认为上司都知道情况了,自己再天天汇报,不是浪费时间吗?但是,上司了解情况和你主动汇报是两个概念。

有时候上司可能从别处得到的信息不够正确,需要你来修正,但你不汇报,上司可能就会下达错误的指令。此外,上司可能从别处获得了对你不利的信息,而你没有向上司汇报,并做出解释,那么,上司就会渐渐对你产生偏见。因此不管上司是否了解情况,中层管理者一定要重视汇报工作。

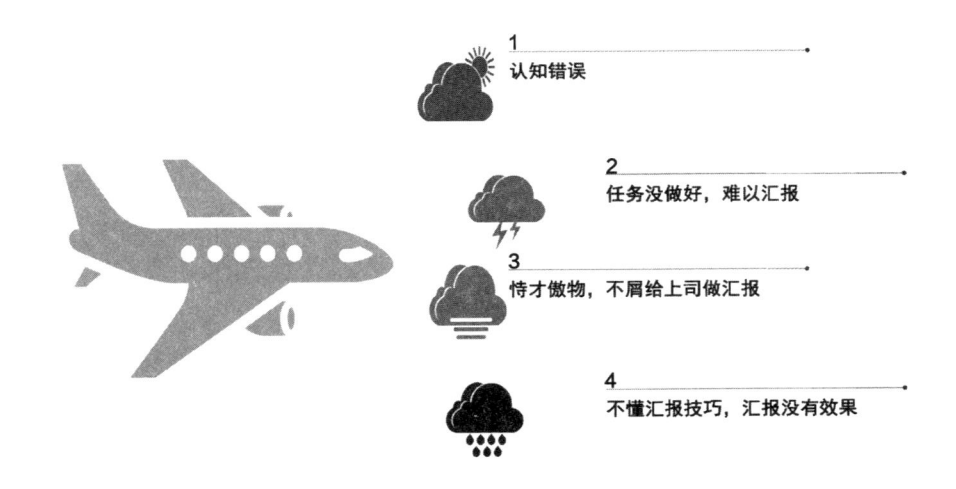

图 5-1　中层管理者不懂汇报的四个原因

1 认知错误
2 任务没做好，难以汇报
3 恃才傲物，不屑给上司做汇报
4 不懂汇报技巧，汇报没有效果

2. 任务没做好，难以汇报

有些中层管理者不汇报工作，是因为自己没把工作做好，认为工作没做好就去汇报，不是找批吗？其实，这是一种非常错误的想法。即使工作没做好，你也要向上司汇报。如此，上司才能知道从哪个方面指导你，让你弥补不足。这样，在进行下一个任务时，你就能避免犯同样的错误，把任务顺利完成。

3. 恃才傲物，不屑给上司做汇报

有些中层管理者认为自己才是专业的，给上司汇报工作，他也听不懂，索性就不汇报了。但是，上司懂不懂是一个问题，而你汇不汇报就是另一个问题。你不主动汇报工作，会让上司感觉到你不够尊重他，那么，他自然也就不会喜欢你。

4. 不懂汇报技巧，汇报没有效果

更多的中层管理者并不是不知道汇报，也不是任务没完成，难以汇报，更不是恃才傲物，不屑汇报；而是不懂汇报的技巧。一些中层管理者在汇报几次工作后，发现上司根本听不懂自己在表达什么，而且还加深了对自己的负面印象，之后，索性就不汇报了。

5.1.2 经常汇报的好处

作为公司的中层管理者,已经有了独当一面的能力,还有必要经常性地向上司汇报工作吗?这绝对有必要。因为学会并经常向上司汇报,可以给个人带来以下五个方面的好处(见图5-2)。

1. 养成定期梳理工作的习惯
2. 得到上司的关注
3. 获得向上司学习的机会
4. 少走弯路,少犯错误
5. 对上级负责的表现

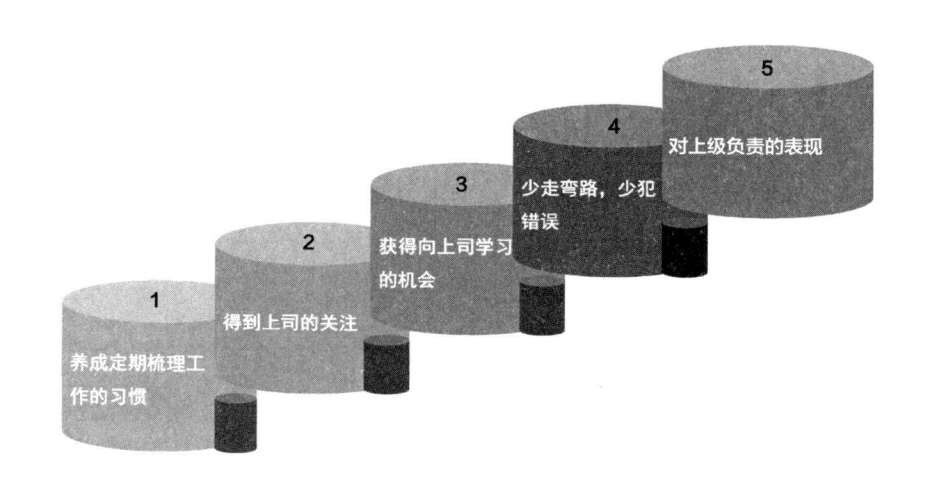

图 5-2 经常汇报的五个好处

1. 养成定期梳理工作的习惯

中层管理者在向上司汇报工作之前,肯定要准备好汇报的内容。而在这个过程中,你可以对自己的工作情况进行全面的梳理,包括获得了哪些进步、还存在哪些不足、要如何改进。通过不断地思考、改进,中层管理者的工作能力必然能得到提高。

2. 得到上司的关注

经常向上司汇报工作,在上司面前增加曝光度,上司对你的印象必然能加深。如果你能掌握好汇报工作的技巧,那么,无疑你就能得到上司的赞赏。要知道,上司管理的员工不止你一个,公司越大,上司管理的人就越多。他不可能对所有人都印象深刻，也不可能了解所有员工的工作能力。此时，如果你主动向上司汇报工作思路、方案、建议，将有利于上司了解你的工作能力，从而肯定你并重用你。

3. 获得向上司学习的机会

上司是你工作中最好的导师。中层管理者如果能遇到一个好上司，无疑是非常幸运的。经常性地向上司汇报思想与工作情况，就有更多的机会与上司进一步交流，学习到上司的处事方式与工作经验，使自己的职场技能、工作技能快速提高。

4. 少走弯路，少犯错误

不管是在哪个工作岗位上，你都要主动向上司汇报工作。因为这可以让你少走弯路、少犯错误，对于新上任的中层管理者来说更是如此。由于角色发生了变化，你必须站在更高的位置去看待问题，但是大局观念、对事情全局的把握，不是一下子就能够学习到的。如果自己擅自做主，就有可能出现决策失误。所以，你要经常向上司汇报，正确领会上司的意思，保证自己不偏离正确的方向，减少工作的失误。

5. 对上级负责的表现

中层管理者肩负着组织发展的责任，因此，中层管理者要本着对组织负责的态度，主动地把各项工作的进展情况，包括自身的思想动态，及时地与上级领导进行沟通。通过沟通，了解上司对这项工作的要求，如此才能与上司一起将工作做得更好。

5.2 最佳汇报时间与最优汇报方式

为什么同样的内容，有些中层管理者的汇报能得到上司的赞扬，有些人却被上司批评？除了表述的问题之外，还有两个重要的因素，汇报时间与汇报方式的选择不恰当。

5.2.1 最佳汇报时间的选择

汇报时间的选择非常关键，选择好时间，中层管理者就能顺利地达到自己的目的；选择错误，不但不能达到自己的目的，还有可能被上司责怪。那么，中层管理者该如何选择汇报的时间呢？我们可以看看在日本本田公司工作的川子是如何做的。

1. 根据工作情况选择汇报时间

一般情况下，川子会根据工作的具体情况进行汇报。通常在工作出现以下五种情况时（见图5-3），川子就会选择主动汇报。

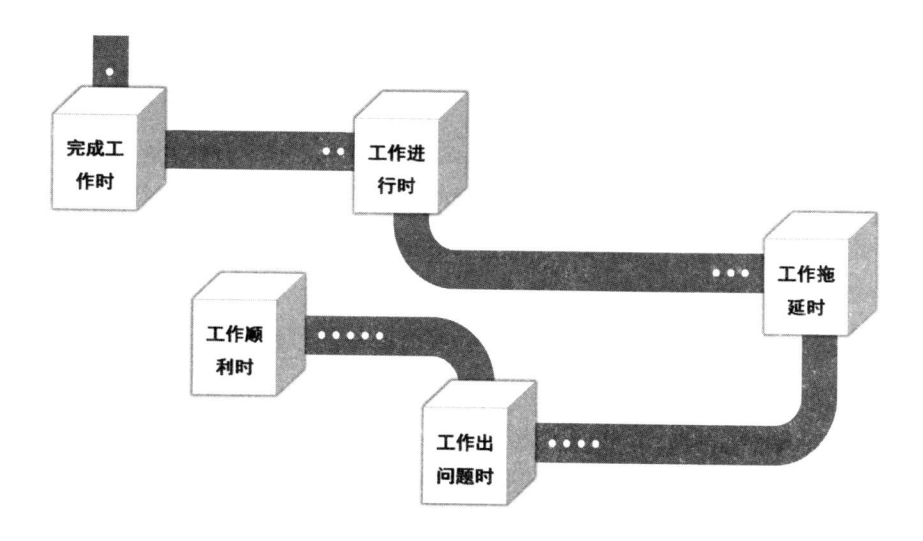

图5-3 需主动汇报的五种情况

（1）完成工作时。川子认为，工作一旦完成，就要立即向上司汇报。如此，才知道上司下一步要安排自己做什么工作。

（2）工作进行时。工作每进行到一个新阶段，川子就会向上司做一个该阶段工作的汇报。如此，上司才能知道工作进行到哪个阶段，从而对下一步工作提前做出安排。

（3）工作拖延时。如果川子发现在规定时间内没有完成预定的工作目标，就会立即向上司汇报。如此，就能和上司一起讨论解决方案，让工作赶上进度。

（4）工作出问题时。川子认为，工作出现问题时，即使自己能解决，也要向上司汇报，让上司了解相关情况。如果自己不能解决，也能请上司给出解决方案，避免更大的问题产生。

（5）工作顺利时。工作不顺利要汇报，工作顺利同样也要汇报。如果能将工作顺利的信息传递给上司，就能帮助上司缓解焦虑。

2. 选择汇报时机的三个原则

汇报其实就是向上沟通，沟通一定是一个双向的过程。因此，汇报时机在整个过程中是非常重要的。所以，川子在选择汇报时机时，会遵守以下三个原则（见图5-4）。

在上司心情好时汇报　　在上司较空闲时汇报　　出现问题时要早汇报

图5-4　选择汇报时机的三个原则

（1）选择上司心情好的时候。一般情况下，川子在汇报工作时都会遵循一条原则：如果发现上司心情不好，就另选一个时间再汇报，避免上司的怒火喷到自己的身上。但是，在两种情况下，川子就不会遵守这条原则：第一，好消息。汇报的内容是一个能让上司听了以后心情马上变好的消息。第二，紧急事件。如果是非常紧急、需要马上处理的事情，不管上司心情好不好，川子都会立即向上司汇报。

（2）选择上司较空闲的时间。川子在向上司做汇报前，都会先确认一下他是不是非常忙。一般情况下，川子会选择上午 10:30 到 11:30 的时间汇报工作。因为一般上午 9 点到公司时，上司需要处理的工作特别多。到了 10:30 后，事情就已经处理得差不多了。下午则会选择在 14:00 前汇报，而在 17:00 后，除了紧急情况，川子就绝对不会再向上司汇报工作。因为在这个时间，上司已经忙了一天，非常疲惫，希望能下班休息。

（3）出现问题时，汇报越早越好。川子认为，如果工作出现了问题，一定要第一时间汇报。如此，事情不但可以及时得到解决，也可以让上司看到自己的认错态度，还有负责任的精神。

5.2.2 最优汇报方式的选择

中层管理者在掌握汇报的技巧前，先要分清汇报的类型。不同的类型有不同的汇报方式以及需要掌握的汇报技巧。

1. 从体裁上分类

工作汇报从体裁上可以分为四种类型（见图 5-5），对于不同的汇报体裁，中层管理者需要汇报的内容、方式都不同。

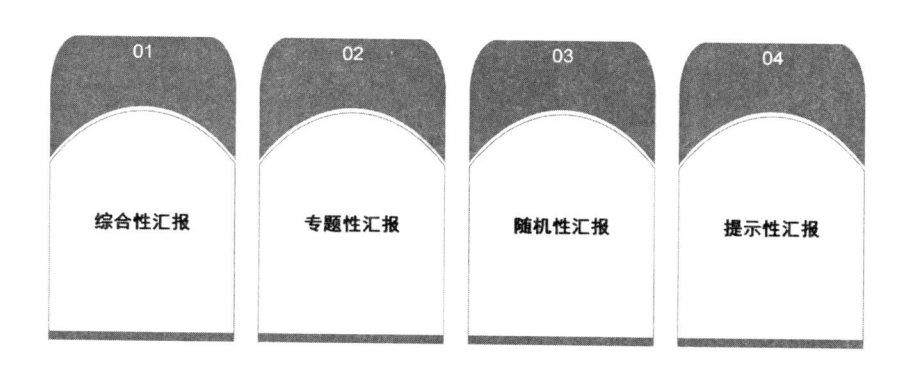

01	02	03	04
综合性汇报	专题性汇报	随机性汇报	提示性汇报

图 5-5　从体裁角度划分的四大汇报类型

类型一：综合性汇报。一般是指半年或年终工作总结。这种类型的汇报是以组织全面建设为主题。在汇报时需要表示清楚全年或阶段内六个方面的问题：

一是工作思路；二是组织所做的工作；三是取得了哪些成绩；四是获得了哪些经验体会；五是组织现在还存在哪些问题；六是下一个阶段的工作计划。

类型二：专题性汇报。一般用于完成某个任务后，就该项任务所做的汇报。这种汇报类型，中层管理者要注意主题明确、内容单一，不涉及与任务无关的内容。

类型三：随机性汇报。是指汇报的内容、时间和地点都是不固定的。可能是在上司巡视部门期间，也可能是与上司吃饭或在电梯上碰到上司时进行的汇报。这种汇报类型要求的内容有两点：一是上级最为关注的内容；二是中层管理者急需上级了解并做出决定的关于组织或某项任务的新情况。

类型四：提示性汇报。该种类型的汇报一般是用于座谈会或是上级领导视察工作期间，看到的某个需要进一步了解的情况，要求中层管理者就该情况做出汇报。在汇报时，中层管理者需要严格按照上司所提出的问题进行汇报，其内容需保证详细准确。这种汇报方式非常考验中层管理者的临时应变能力和语言组织能力。

2. 从内容上分类

按照内容上的特点，汇报工作也可以分为以下四种类型（见图 5-6）。

图 5-6　从内容角度划分的四大汇报类型

A 工作情况汇报　B 心得体会汇报　C 反映问题汇报　D 工作计划汇报

类型一：工作情况汇报。该种类型的汇报内容主要包括工作的进展情况、特点、收获、所存在的问题。在做情况汇报时，中层管理者要达到三个要求：一是工作的过程要反映清楚；二是主要的内容不能有任何缺失；三是特点要鲜明突出。

类型二：心得体会汇报。这种汇报类型一般是以对某项工作的具体做法以及对完成该项工作后所获得的体会为主要内容，一般不过多涉及工作情况与工作过程。

类型三：反映问题汇报。该种汇报类型是专门就某一问题所做的汇报。在做问题汇报时，中层管理者应注意以下四点：一是要把重点放在问题的表现程度上；二是要把问题产生的主客观原因讲清；三是总结此次问题给自己的经验教训；四是提出解决问题的方案。

类型四：工作计划汇报。该种汇报类型是指某项任务下达之后或是开展之前，中层管理者就该项任务的设想和计划。在做计划汇报时，中层管理者要注意，不要只拿出一种计划方案，最少要拿出三份方案，以便上司能从中选出最优的方案。

5.3 汇报的原则、逻辑与结构

汇报工作不是简单地说话，汇报的好坏决定了一个人在上司心目中的印象、在职场中的地位。它是一门非常高深的艺术。但是，中层管理者们也不要把汇报想得过于复杂，只要掌握了汇报的原则、逻辑与结构，工作汇报就会变得非常简单。

5.3.1 三个原则把握汇报质量

工作汇报的原则可以概括为以下三种（见图5-7），中层管理者在工作中只需要按照这三个原则来做，其汇报质量就能得到大幅度提升。

原则一：不打无准备之仗

古语有云："不打无准备之仗。"汇报工作也是如此。只有准备充分了，才能保证战争的胜利。汇报工作如果准备得不够充分，会出现什么样的情况？我们可以通过一个小案例了解一下。

随着互联网的迅速发展，国内一家互联网公司发展得越来越快，招聘了不少新员工。随着员工人数的增加，后勤部门的经理发现饮水机严重不足。于是，他让新上任的采购组长赵立新负责购买饮水机。

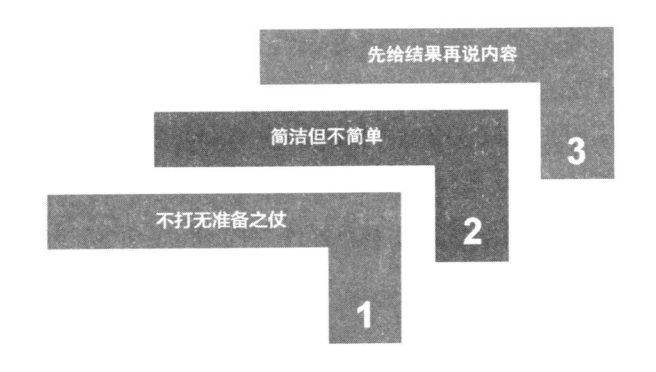

图 5-7　工作汇报的三个原则

经理提了大致的意见后，赵立新就开始做采购方案。他考察了新进的员工人数以及饮水机的安置点问题，并参考了一些资料，随后拟订了饮水机采购方案，然后拿着这个方案向上级汇报。

赵立新认为自己已经准备得非常充分，考虑也非常周全，但是，递交方案后，经理并不满意。经理对赵立新说："总体思路是对的，但是有个问题，你考虑到用水量的问题了吗？饮水机量增加了，桶装水是否够用？你还没有桶装水的备选方案？"

显然，赵立新准备得没有那么充分，所以，方案没有被他的上司接受。那么，怎样才算准备充分？中层管理者可以按照以下三个方法进行（见图 5-8）。

原则二：简洁但不简单

上级领导的工作很忙，所以，中层管理者在汇报时要用最短的时间说出重点内容。如果能把握住"简洁但不简单"的汇报原则，那么，你的汇报就成功了一半。

向阳担任业务部主管已经两个月了，在这两个月的时间里，向阳向上司做了多次汇报。汇报的工作占据了向阳不少的时间，可是，他却常常在汇报时被上司批评，这让向阳感到非常苦恼。

- 采取思维导图的方式，列出相关问题
- 围绕任务查阅资料，该工作可使思路清晰，获得大致的方向
- 完成后询问自己：是否够完善？有补充的地方吗？可能会产生的问题是什么？

图 5-8　充分准备汇报方案的三大方法

机缘巧合之下，向阳看见了另一个同事来汇报工作，他从中发现了自己汇报工作时存在的汇报时间长、内容多的问题。他发现该同事在汇报时只用了五分钟的时间就把事情汇报完了，还获得了上司的认可。而自己花了二十分钟汇报，上司却总不满意。

在汇报时，中层管理者要想避免出现案例中的情况，就要给自己设定一个时间上的限制：如果没有特殊情况，汇报时间不要超过五分钟。

因为时间有限，中层领导在汇报前要考虑好以下六个问题（见图5-9）。

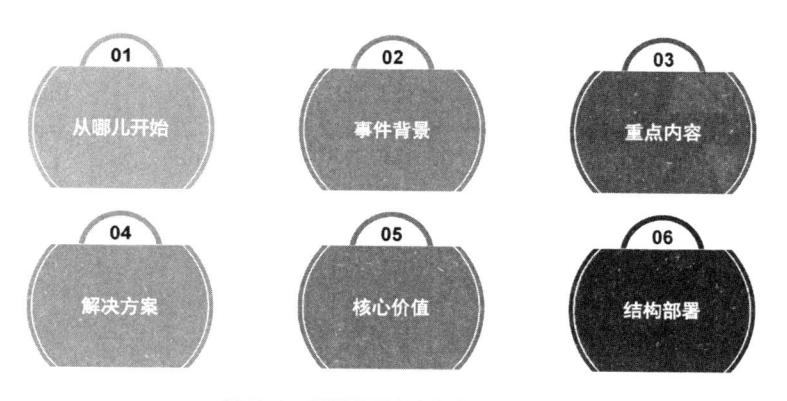

01 从哪儿开始　02 事件背景　03 重点内容
04 解决方案　05 核心价值　06 结构部署

图 5-9　汇报前需考虑好的六大问题

原则三：先给结果再说内容

越重要的事情越要先说结果，不要让上司直到最后才知道你在说什么。上司最关心的不是工作的过程和细节，他只关心结果，只有知道了结果，他才有耐心听细节和过程。

在说出结果后，根据上司的反应选择要不要继续汇报。如果上司听了结果后，没有什么表示，那么，你就不需要再汇报细节。因为上司的表现已经说明，他只要知道结果就可以了。如果上司听了结果后，表现出兴趣，那么，你就可以把工作的细节内容做出表述。

5.3.2 六个步骤构建汇报逻辑

不管做什么事情，逻辑都是非常重要的，汇报更是如此。如果没有逻辑，汇报就会杂乱无章，没有重点。总的来说，汇报工作可以分为以下六个步骤（见图 5-10）。只要掌握好了这六个步骤，那么，汇报逻辑就建立起来了。

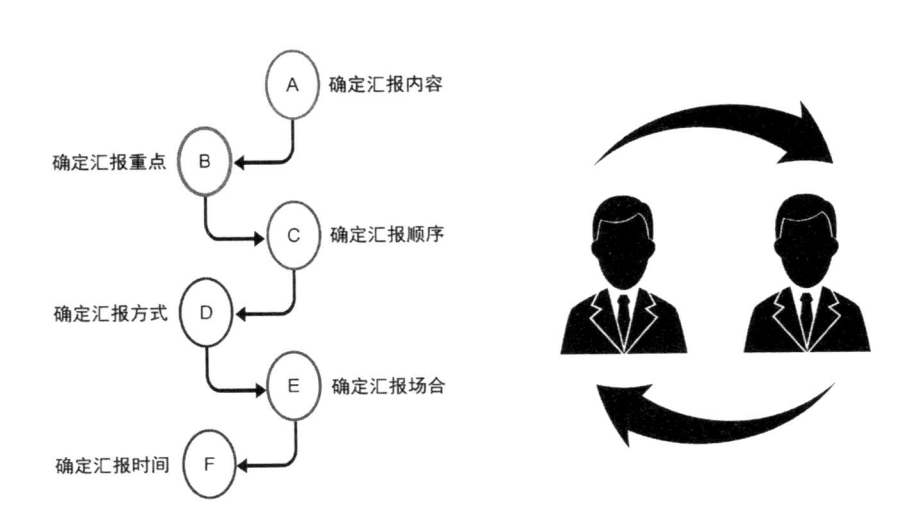

图 5-10　汇报工作的六大步骤

第一步：确定汇报内容

中层管理者要确定自己的汇报内容是什么，是年度工作总结，还是工作出现了问题？或者是工作中需要调配资源？确定好汇报的内容，才知道用什么方式去做汇报方案。

第二步：确定汇报重点

在汇报时，中层管理者要做到详略得当。重要问题要做重点汇报，不重要的细节性问题一句话带过即可。但做到详略得当的前提是中层管理者知道什么是重点内容。

第三步：确定汇报顺序

汇报的顺序一般有三种：一是按照时间；二是按照事情的重要性；三是按照事情发生的地点。如果中层管理者要汇报的内容是工作的进展情况，就可以使用时间顺序，选取几个重要的时间节点进行汇报。

第四步：确定汇报方式

中层管理者要根据实际情况选取并确定适合自己的汇报方式。

第五步：确定汇报场合

汇报前，中层管理者要确定自己汇报的场合，是单独去上司办公室汇报，还是在会议上公开汇报。不同的场合，采取的汇报方式不同。如果是前者，则可以在表达上更轻松一些，内容简洁一些；如果是在会议上，则要相对正式，不只内容要简洁，用词也要更加规范。除此之外，中层管理者还要做更多的准备，以便应对其他参会人员提出的问题。

第六步：确定汇报时间

汇报前，中层管理者要确定自己的汇报时间。在什么时间去做汇报？要用多少时间来做汇报？汇报的时间点是不是合适？这些都要考虑充分。

5.3.3 三个模型确定汇报结构

中层管理者常常会烦恼"我该如何汇报呢？选择什么样的汇报结构比较好？"汇报结构有很多种，总的来说，有以下三种模型。要记住，最适合自己的汇报结构才是最优、最有效的。

模型一：2W1H

2W1H 分别是指：Why，表示起因，在汇报时要详细描述起因是什么；What，表示内容，在汇报时要详细描述具体内容是什么；How，表示方法，汇报时要做出解决问题的方案、方法。

在两种情况下，中层管理者可以参考这种模型进行汇报：一是汇报现状和解决方案；二是汇报相对简单的问题。

模型二：5W1H

5W1H 分别是指：What，表示内容，汇报时要向上司讲明发生了什么；Why，表示起因，汇报时要向上司描述事情是因何而起；When，表示时间，汇报时要向上司说明事情是在什么时间发生的；Where，表示地点，汇报时要向上司讲明事情发生的地点；Who，表示人物，汇报时要向上司讲明涉及此事的人员；How，表示解决的方式或过程，汇报时要向上司提出具体的解决方案。

在两种情况下，中层管理者可以选择这种汇报模型：一是需要全面分析此事；二是需要对此事的本质进行研究。

模型三：STAR

STAR 分别是指：Situation，表示背景，汇报时中层管理者要向上司交代事情是在什么背景下发生的；Task，表示任务，汇报时要向上司交代在这个事情中需要完成什么任务；Action，表示行动，汇报时要向上司说明针对此次将要采取什么样的行动；Result，表示效果，汇报时要向上司说明采取行动后将会达到什么样的效果。

在两种情况下，中层管理者可以采取该种汇报模式：一是总结已经完成的事情经过；二是汇报工作进度和阐述行动建议。

5.4 真实而详细的数据

如今是大数据时代，公司的任何决策都需要以数据为依据。同理而言，中层管理者在向上司汇报时，也要懂得利用数据，用真实而详细的数据让你的汇报更具说服力。

5.4.1 数据的三大作用

数据之所以被广泛运用，其原因就在于数据本身所具备的三个作用。中层管理者如果能有效利用数据，在汇报工作时定能事半功倍。

1. 有助于上司正确、快速地做出决策

公司的需求通常都会存在或多或少的不确定性。因此，公司的高层领导在管理运营的过程中，只有及时掌握了各项需求情况与变化规律，才能正确分析出公司的发展走势，迅速调整管理经营策略，及时抓住市场机会，让公司的核心竞争力得到进一步提高。因此，中层管理者在汇报工作时要多用数据，并善于利用数据，以便上司能及时把握公司的各种情况。

2. 有助于上司及时了解管理或运营决策的执行情况

正确的决策是公司经营成功的保证，执行决定了决策的最后结果，而数据分析则是检验执行结果好坏的重要指标。在汇报中加入数据分析报表，可以及时反映决策执行与计划完成的情况，有助于上司了解执行过程中存在的问题，并采取相应的措施。

3. 有助于提高公司管理与运营系统运行的效率

数据是检验公司管理成效的好工具。每个策略的执行环节都是通过与数据的管理和交流融为一体的，一旦缺少数据管理与交流，就会出现决策和策略失控现象。因此，中层管理者在汇报时必须加入策略执行的重要数据，让上司可以从数据中发现一些管理问题，并及时解决这些问题，从而提高公司整体的运营效率。

5.4.2 数据特征决定汇报力量

为什么说数据可以让中层管理者的汇报更加出色？这与数据的特征有着密不可分的关系。具体来说，大数据有四个基本特征（见图5-11）。

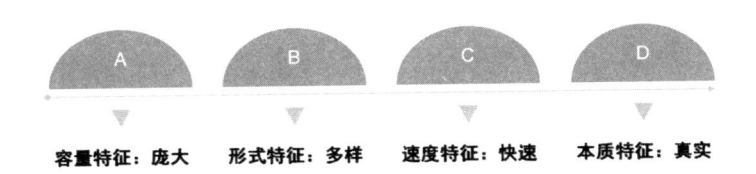

容量特征：庞大　　形式特征：多样　　速度特征：快速　　本质特征：真实

图 5-11　大数据的四个基本特征

1. 容量特征：庞大

随着各种随身设备、互联网、云计算、云存储等技术的发展，人和物所有的行为轨迹都被记录了下来，形成了庞大的数据，数据已经无处不在。因此，中层管理者在向上司做汇报时，也要懂得利用数据。

2. 形式特征：多样

随着各种技术的发展，数据变得更加复杂，数据的形式也变得越来越多样，包括文本、音频、图片、视频等不同的类型；数据来源也越来越多样，不仅可以从公司内部的各个环节中获得，也可以从公司外部的运作活动中获得。所以，中层管理者在汇报工作时，也要善于利用各种各样的数据。

3. 速度特征：快速

在商业领域，"快速"早已贯穿公司运营、管理与决策智能化的每个环节。各种关于"快速"的词语出现在商业数据语境里。为什么要"快"？

第一，时间就是金钱。如果以分子、分母来分别比喻价值与时间，那么，分母越小，单位价值就越大。所以，谁能用更短的时间处理好事情，谁就能获得更大的价值。中层管理者要懂得利用数据"快速"的特点来节省自己的汇报时间。

第二，时间价值不等。数据的价值也会折旧，不同的时间点，数据价值不同。新生的数据更具有个性价值，更能代表当前局势。所以，中层管理者在制作汇报内容时，要懂得利用新数据。

第三，具有时效性。数据与新闻一样，也具备时效性。就像是电子商务网站从点击量、浏览历史与行为来发现用户的即时购买意图和兴趣，然后根据这个数据来给用户做产品推荐。中层管理者在汇报时也要懂得如何利用最新的数据。

4. 本质特征：真实

数据的本质特征就是真实。数据的重要性就在于对决策的支持，但是，数据规模的大小，并不能决定其能否为决策提供帮助，数据的真实性才是制定决策最坚实的基础。所以，中层管理者在利用数据做汇报时，要注重数据的真实性，这样才能让上司做出最正确的判断。

5.4.3 利用图表做好数据分析

数据虽然是汇报中必不可少的部分，但很多中层管理者对数据分析并不熟悉，那么，中层管理者该如何做好数据分析呢？这时，操作简单而又实用美观的图表工具就可以帮助中层管理者解决数据分析难题。比如一些办公软件中的图表功能，就能够满足中层管理者简单的数据分析需求，我们简单介绍四种。

1. 趋势图

该图是最基础的图表分析，包括线图、柱状图、堆积图等多种形式（见图5-12）。

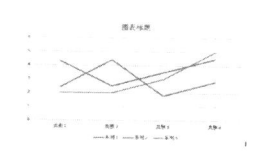

线图：可观察一个或者多个数据指标连续变化的趋势，也可根据需要与之前的周期进行同比分析

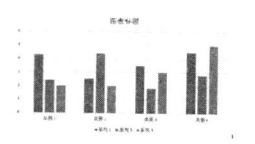

柱状图：可以观察某一共组项目的变化趋势

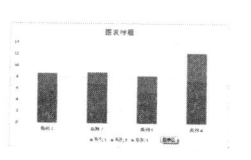

堆积图：把整个项目数据进行拆分可观察到部分所占比重及变化趋势

图5-12 趋势图的三种形式

推特的产品经理就经常利用这种趋势图来分析流量的实时走向，比如每日 PV、UV、DAU 等基本数量指标，并将分析所得的结果同样以图表形式加入汇报工作中，让上司可以及时把握推特的变化趋势。一旦趋势周期对比产生了异常情况，其上司马上就能从图表中看出来，从而及时排查原因，解决问题。

2. 频数图

频数图可以帮助中层管理者按照任务需求对指标以一定的纬度进行拆分，对比其他任务的频数，以此来分清任务的轻重缓急，并据此来决定汇报工作的重点。频数图一般分为单向条形图与双向条形图。

如某互联网产品经理为了给产品选择适配的浏览器，选择用条形图（见图 5-13）来展示不同浏览器的用户使用频数，并且按照数量大小进行排序。根据图表的展示，其上司可以很清晰地看到自己的产品可以先适配 CHROME 浏览器和 IE 浏览器。

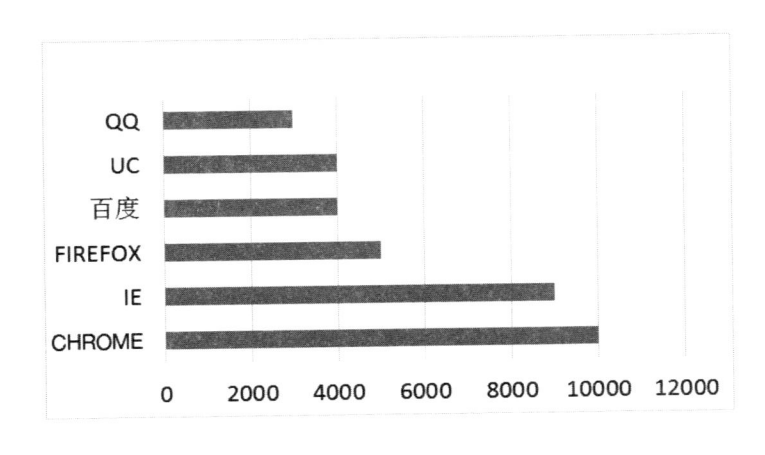

图 5-13　某互联网产品经理所使用的条形图

3. 比重图

比重分析主要是用来了解不同部分占总体的比例。扇形图与环形图可以满足中层管理者横向比较数据的需求；百分比堆积图所显示的不同部分所占比例的趋势变化，可以满足中层管理者纵向比较数据的需求。

亚马逊的产品经理在做汇报时，就采用了环形图来显示每个季度的销售比例（见图5-14），其上司一眼就能看出哪一季度的销售额是最高的，因此，就可以决定加大该季度的产品库存；哪一季度的销售额最低，就可决定增加该季度的营销力度。

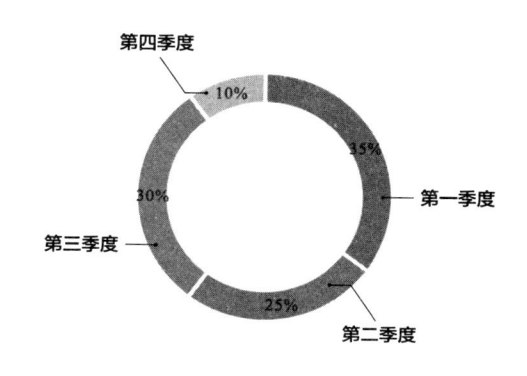

图5-14 亚马逊经理的季度销售额比重

4. 表格

表格信息可以帮助中层管理者同时分析多维度、多指标的数据，比较适合对数据敏感的人使用。但是，表格虽然可以看到具体的数据，但其缺点是无法直观看到趋势与比重。

如华联超市的财务经理向上司做财务汇报时，就使用了简要资产负债表（见表5-1）。

表 5-1 华联超市简要资产负债表

(单位：元)

资产	2000年	2001年	负债及股东权益	2000年	2001年
货币资金	266359	160643	流动负载		
应收票据	4584	42558	短期借款	335500	41400
应收账款	92452	111191	应付票据	4492	15577
存货	302804	303318	应付账款	303265	274720
待摊费用	14082	16592	流动负债合计	955079	879373
流动资产合计	690683	649116	长期负债合计	863	0
长期投资净额	3950	12511	负债合计	955942	879373
固定资产合计	276646	349427	少数股东权益	511	12683
无形资产	212833	125341	股东权益合计	227658	244339
资产总计	1184113	1136396	负债及股东权益总计	1184113	1336396

5.5 演示工具展示最清晰的视觉

现在是可视化的时代，而PPT是最好的可视化工具。当代职场PPT无处不在，工作说明、述职报告、产品展示、项目汇报、教学培训……这些都离不开PPT。中层管理者汇报工作更需要PPT的加持。然而，会用PPT并不代表就能使汇报工作变得更加出色，就像是会写字不代表会写出好文章一样。要想通过PPT为自己的汇报工作加分，中层管理者还需要掌握一定的技巧。

5.5.1 让 PPT 优势成为汇报优势

之所以强调要在汇报工作中使用 PPT，就是因为其优势可以让中层管理者的汇报变得更加出色。PPT 的优势总结起来有以下四点（见图 5-15）。

- A 强大的制作功能
- B 通用性强，易学易用
- C 强大的多媒体展示功能
- D 较好的 Web 支持功能

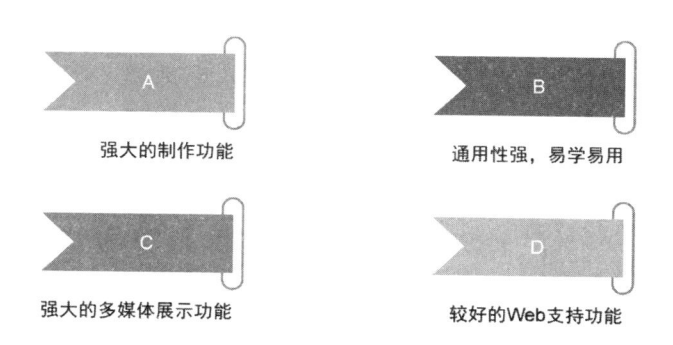

图 5-15　PPT 的四大优势

1. 强大的制作功能

PPT 的制作功能非常强大，可以满足中层管理者做汇报内容时的各种不同需求。比如：文字编辑功能强大，中层管理者可以在 PPT 中输入任何需要的内容；段落格式丰富，中层管理者可以利用各种段落格式使文字呈现得更加美观；绘图手段齐全，中层管理者可以加入任何图片，如图表、思维导图，让内容更加丰富专业；色彩表现力强，中层管理者可以通过各种色彩搭配，使汇报内容更加赏心悦目。

2. 通用性强，易学易用

PPT 最大的一个特点就是通用性非常强，与 Word 和 Excel 的操作方法大部分相同，提供多种幻灯版面布局、多种模板以及详细的帮助系统，操作非常简捷。中层管理者无须担心需要在 PPT 的制作上花费太多的时间。

3. 强大的多媒体展示功能

PPT 演示的内容可以是文本、图形、图表、图片或者有声图像，具有较好的交互功能与演示效果，可以满足中层管理者在汇报工作上的需求。

4. 较好的 Web 支持功能

PPT 中有超级链接功能，可以指向任何一个新对象，同时可以发送到互联网上。

5.5.2 站在上司的角度

一个出色的、能给汇报工作加分的 PPT，必然是站在对方的角度设计出来的。这一点上，在玫琳凯公司担任广州某地区经理的于洋就做得非常好。每次在做汇报时，她所设计的 PPT 都会被上司赞赏。那么，于洋具体是如何操作的呢？（见图 5-16）。

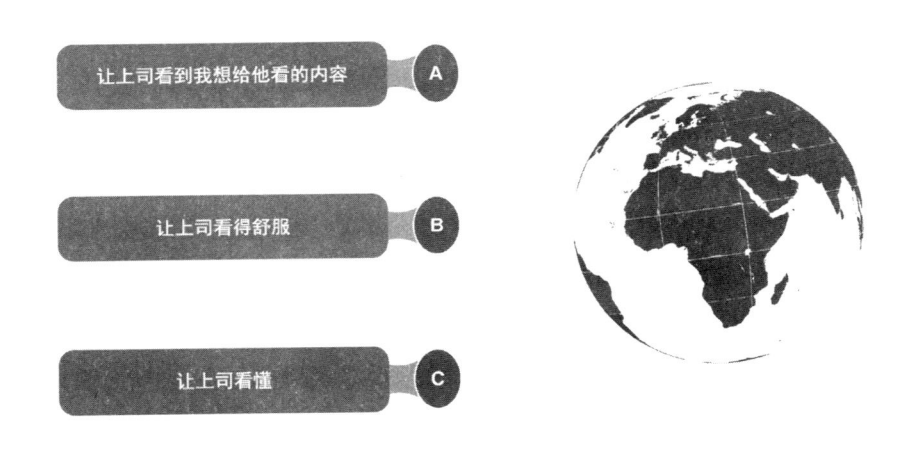

图 5-16 于洋设计 PPT 的三个要点

1. 让上司看到我想给他看的内容

于洋设计 PPT 的第一个要点就是"让上司看到我想给他看的内容"。为了做到这一点，她采取了以下几个方法：第一，不在 PPT 里加入特殊文字。如果上司的电脑里没有显示特殊文字的工具，那么，内容就无法显示出来。第二，PPT 的格式。考虑上司电脑里的 PPT 与自己的 PPT 格式一样吗？能支持吗？如果不支持动画，可能无法显示。第三，PPT 的颜色变化。于洋在使用各种颜色时，会考虑上司的电脑和投影仪是否能显示的问题。

2. 让上司看得舒服

于洋在制作PPT时，一定会考虑视觉问题，要让上司看得舒服。为了做到这一点，于洋采取了三个方法：第一，一定的美观度。可能无法做到震撼与养眼，但至少要做到顺眼。第二，字体的大小。考虑字体够不够大，多大的字体上司才能看得清。第三，字体的颜色。如果字体的颜色和背景色太接近，上司就会看得很吃力。

3. 让上司看懂

于洋在设计PPT时会考虑到以下四点：第一，逻辑。逻辑是否清晰，有没有颠三倒四的情况出现。第二，用词造句。PPT中是否出现生僻字或者难懂的词句，或者句子太长让上司看不下去。第三，图表。是否可以用图表代替文字。第四，进度。PPT中有没有设计目录与过渡页，如果没有，上司就无法知道他看到哪个阶段。

5.5.3 原则不变

无论PPT怎么创新，也离不开最基本的四个设计原则：重复、对齐、差异、亲密。

1. 重复

是指在整个PPT中，中层管理者可以重复使用同一种色彩、形状、字体等设计要素，以此来使PPT具备统一性。

2. 对齐

是指加入PPT页面中的所有元素都需要具备某种视觉上的联系，而不是随意摆放。

3. 差异

是指PPT页面上的元素要有个性，不能太过相似。如此，上司才可以迅速发现页面内容的逻辑关系，并看到自己所关注的重点汇报内容。

4. 亲密

是指中层管理者在设计 PPT 时，要把相近的元素组合到一起形成视觉单元。如此，就能避免视觉混乱，给上司呈现一个清晰的逻辑结构。同时，需要对不相关的内容进行分割，以便上司能迅速筛选信息。

5.5.4 色彩搭配

PPT 的色彩搭配是一门很深的学问，在设计 PPT 时，不是自己喜欢什么颜色就可以添加什么颜色，而是要考虑很多问题，这样才能让 PPT 给你的汇报工作添光加彩，而不是暴露出你工作技能上的缺点。

1. 根据公司母版选择颜色

每个公司都有自己的形象视觉体系，越成熟的公司对此要求越严。因此，PPT 的配色也要与公司的视觉体系一致。

比如唯品会，它的标志色是粉红色。那么，唯品会的中层管理者就可以使用粉红色作为 PPT 的主打颜色。

2. 根据表达主题选择颜色

在汇报时所表达的主题是选择 PPT 颜色的重要依据。可以按照以下两个方法进行（见图 5-17）。

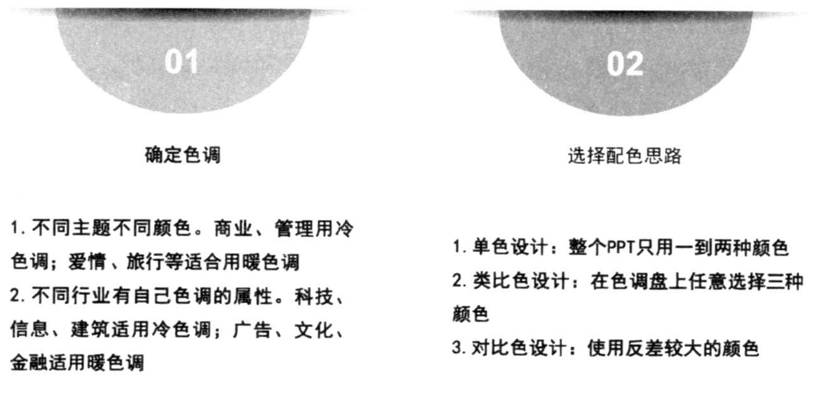

01 确定色调

1. 不同主题不同颜色。商业、管理用冷色调；爱情、旅行等适合用暖色调
2. 不同行业有自己色调的属性。科技、信息、建筑适用冷色调；广告、文化、金融适用暖色调

02 选择配色思路

1. 单色设计：整个PPT只用一到两种颜色
2. 类比色设计：在色调盘上任意选择三种颜色
3. 对比色设计：使用反差较大的颜色

图 5-17 PPT 颜色选择的两大方法

5.5.5 字体选择

大多数中层管理者在设计 PPT 时都使用默认的宋体五号字，其实，PPT 中还有很多种字体可以选择。改变字体，不仅能增强汇报的视觉效果，还能增加 PPT 的逻辑性、创意性。大家可以采取以下三种方式改变字体。

方法一：标题用衬线字体，正文用非衬线字体。前者是指偏艺术设计、有很多修饰的字体，后者是指粗细相等、没有修饰、笔画规整、容易辨认的字体。

方法二：不同字体不同含义。就像人一样，字体也是有性格的。如阳刚、霸道、柔美、清新。不同的主题，不同的演示角色，需要选择不同的字体。

方法三：字体对比与修饰。中层管理者在选用字体时，可以对字体进行一些修饰。要视屏幕大小、观众距离来选择字体的大小。两个相邻文本框内文字的字号、字体对比可以突出重点、引导视觉。

5.6 学习麦肯锡的汇报方法

每个中层管理者都有或多或少的汇报经验，但为什么有些中层管理者汇报起来有理有据、条理清晰，有的中层管理者却逻辑混乱、毫无章法呢？其实，这些汇报出色的中层管理者大多掌握了麦肯锡工作法，并将之运用到自己的汇报工作中。

5.6.1 利用金字塔原理把汇报系统化

金字塔原理来源于芭芭拉·明托的《金字塔原理》一书，是麦肯锡的经典教材。金字塔原理就是要让中层管理者在汇报工作时，先表明中心思想，再说论点、论据，然后层层延伸。也就是说把汇报工作系统化。

我们现在就来看看微软公司的亚特是如何利用金字塔原理来做汇报的。

第一步，搭建金字塔结构图（见图 5-18）。

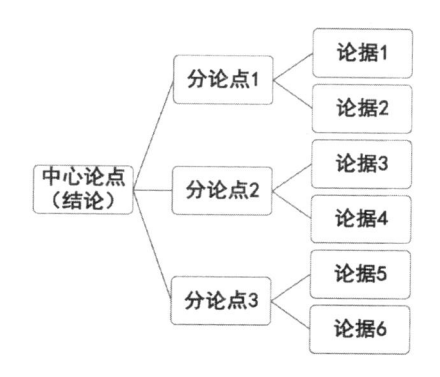

图 5-18 汇报金字塔结构图

第二步，每次汇报工作时，就把汇报的内容套到这个结构图中。与此同时，亚特还会依据金字塔原理的四个原则来设计汇报内容（见图 5-19）。

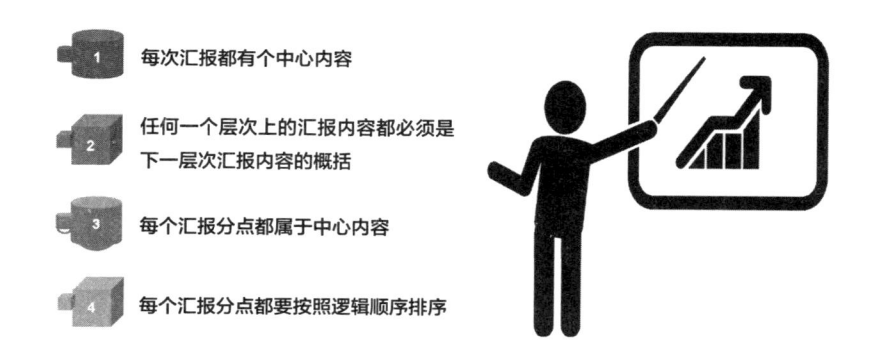

1. 每次汇报都有个中心内容
2. 任何一个层次上的汇报内容都必须是下一层次汇报内容的概括
3. 每个汇报分点都属于中心内容
4. 每个汇报分点都要按照逻辑顺序排序

图 5-19 汇报金字塔设计四原则

第三步，用 SCQA 模式设计汇报内容，以此吸引上司注意。S，是指情境（Situation）：事情发生的时间和地点；C，是指冲突（Complication）：发生了什么事；Q，是指疑问（Question）：上司可能会产生什么疑惑；A，是指回答（Answer）：对上司产生的疑惑进行回答。

第四步，在对上司的疑问做出回答时，亚特会利用两种逻辑推理方法：一是演绎推理，先列出大前提，再列小前提，最后推导出结论。比如猫喜欢吃鱼，小米是只猫，可以得出小米喜欢吃鱼。二是归纳推理，通常由若干具有相似性的事情推导出一个概括的思想。

比如，亚特在向上司汇报一个新人的工作情况：卫斯理不会做需求分析、卫斯理不会做竞品分析、卫斯理不会写需求文档、卫斯理无法和他人达到很好的沟通，以这四点向上司归纳出一个结论——卫斯理无法胜任产品经理一职。

根据以上的步骤，亚特在向上司汇报项目时一般就会采取以下的模型：

S：我们组织一直在进行 Microsoft Office 2018 版本的开发；C：目前项目我们已经完成了 10%，碰到了 SMART 图如何增多样式的问题；Q：上司产生疑问，这个问题该如何解决；A：做出回答。

5.6.2 电梯法则：高效汇报，30 秒就够了

中层管理者在做汇报时，时间并不多。所以，如何在短时间内做出最全、最好的汇报一直是中层管理者面对的难题。麦肯锡的"30 秒电梯法则"可以有效地帮助中层管理者解决这个汇报难题。

1. 麦肯锡 30 秒电梯法则定义

什么是麦肯锡 30 秒电梯法则？我们设想一下：假如你有事情要向总经理做汇报，但总经理经常出差。有一天，你刚跨进电梯，发现总经理也在里面。电梯到达总经理的办公室只有一分钟甚至半分钟的时间，那么此时，你是否能在电梯里向总经理汇报工作，并让他产生兴趣？如果可以，就代表你已经掌握了麦肯锡 30 秒电梯法则。

2. 电梯法则训练法

那么，中层管理者如何才能在 30 秒内把汇报内容讲清，并引起上司的关注呢？这就需要中层管理者在日常进行训练了。

美国派拉蒙影业的影片行销主管麦克就是麦肯锡 30 秒电梯法则的受益者，他就是通过该法则让自己的一个个推广方案获得了上司的批准。在日常，他是怎么训练自己的呢？

麦克的训练内容一般包括以下三个方面。

第一步：讲。主要训练以下三个方面的演讲技巧（见图5-20）。

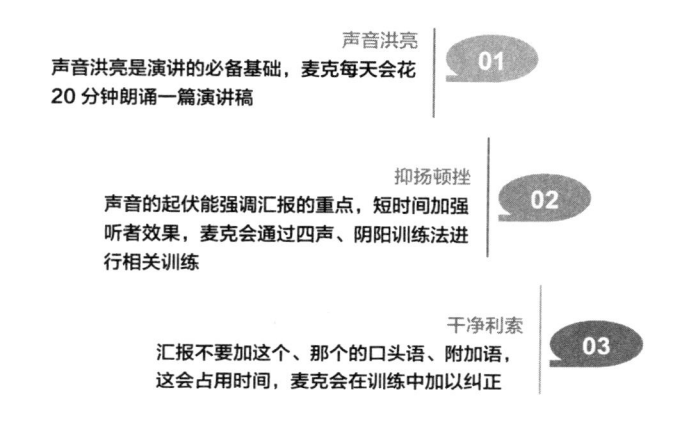

声音洪亮 01
声音洪亮是演讲的必备基础，麦克每天会花20分钟朗诵一篇演讲稿

抑扬顿挫 02
声音的起伏能强调汇报的重点，短时间加强听者效果，麦克会通过四声、阴阳训练法进行相关训练

干净利索 03
汇报不要加这个、那个的口头语、附加语，这会占用时间，麦克会在训练中加以纠正

图5-20　汇报演讲需要训练的三个方法

第二步：分析。麦克会在日常的工作中不断地加强自己的分析能力。如此，他才能知道在汇报时需要重点讲什么。

第三步：归纳。麦克认为说话人的思路和条理性是非常重要的。因此，他会对自己需要汇报的内容列一个提纲，然后按照提纲的内容去讲。

3. 运用电梯法则的关键点

中层管理者在运用电梯法则时，要把握以下三个关键点（见图5-21）。

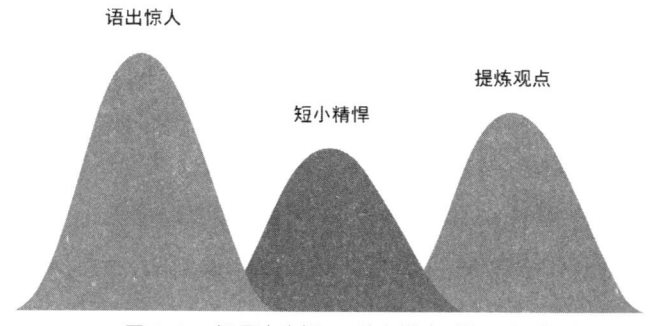

语出惊人　　短小精悍　　提炼观点

图5-21　运用麦肯锡30秒电梯法则的三个关键点

（1）语出惊人。开头就要有吸引力，好的开始是成功的一半。开口的第一句话就要让上司有继续听下去的欲望。

（2）短小精悍。麦肯锡的电梯法则既然只强调 30 秒，那就代表其内容必须做到短小精悍。中层管理者开口就要直达主题，并把复杂冗长的事件用最精练的语言表达出来。

（3）提炼观点。汇报的核心点要明确，归纳要紧凑，能做到一语中的。

派拉蒙的麦克在汇报时就做到了以上说的三点，他是这样汇报的："总经理，我们的新电影这个星期在中国的票房比预期高出了 2%。其原因我认为有三点：一是此次的宣传方法到位；二是邀请了中国知名演员主演；三是邀请了中国明星演唱主题曲。既然效果这么好，我们之后的影片是否可以沿用这个方法？"麦克第一句话就把此次汇报的核心点说了出来，票房高出了 2%，这肯定能引起上司继续听下去，然后用三句话，把高票房的原因说清楚，最后直接点明这个方法有用，询问上司是否可以沿用。

下篇

向下领导，
做下属信服的上司

第 6 章
目标管理：有方法，有技巧，有效果

　　管理学大师彼得·德鲁克说过："目标并不是命运，而是方向。目标并非命令，而是承诺。目标并不决定未来，而是动员公司的资源与能源以便塑造未来的那种手段。"目标，对公司来说非常重要，这也是中层管理者要做目标管理的原因。但是，目标管理并不是管理者说出一个方向、定下一个数据就足够了，还需要掌握一定的方法、技巧，如此才能做好目标管理。

6.1 驴子与马：有目标不等于有好目标

中层管理者年底做工作总结的时候，经常会出现这样一种情况："组织年初的时候已经制定了目标，也制订了工作计划。但是，到了年底，当初定好的目标都没有完成。"

之所以会出现这种情况，是因为中层管理者在一开始的时候就没把目标定好。中层管理者要明白一点："有目标不等于有好目标。"

6.1.1 驴与马的竞争

唐贞观年间，有一匹马和一头驴子，它们是非常好的朋友。一日，它们在争论谁是最好的代步工具，谁能走得更远。于是，它们分别给自己制定了一个目标。马选择了跟着玄奘去西天取经来实现自己的目标，而驴子则以完成拉磨的工作为目标。

17年后，马与玄奘一起回到长安，它见到了好朋友驴子。它们分别谈起了自己的目标结果。马向驴子诉说了此次西天取经的经历，驴子听了，大为惊奇。

而轮到驴子说它的目标结果时，驴子只用一句话就简单概括了，"我把17年的时间都花在了磨盘上"。然后，就再无可诉说的经历和结果。驴子悲哀地说："为什么我们都花了17年的时间，得到的结果却大不相同？"

马回答说："其实我们跨过的距离是相同的，我在前进，你也在前进。但是，我与玄奘大师始终按一个方向前进，所以我走进了一个广阔的世界。但是，你却被蒙住了眼睛，一生围绕磨盘打转，一生都被困在这儿。"

为什么马和驴子花的时间相同，走的距离相同，但结果却不同？其实，就是因为它们制定的目标不同，选择实现目标的方法不同。

很多中层管理者都会犯这个错误，制定目标时，不管目标是否可行，不管目标对公司、对组织是否有利益，也不管实现目标的方法是什么，就随便给员工定下一个目标。所以，中层管理者要明白，有目标不等于有好目标。

6.1.2 制定目标需要注意的四个问题

中层管理者都希望自己制定的目标是个好目标,能够充分利用现有组织的资源获得最好的发展。但是,如何得到一个"好目标",能够让员工在执行这个目标后,得到自己想要的结果?这就需要注意以下四点(见图 6-1)。

A 别把自己的目标当组织目标	B 目标无法确定
C 有总体目标,没有具体目标	D 只有定量目标,没有定性目标

图 6-1 制定目标需要注意的四个问题

1. 别把自己的目标当组织目标

某些中层管理者在制定目标时会犯一个错误,就是把自己的个人目标当作组织的发展目标。要明白,中层管理者的目标是与个人的理想、抱负和兴趣有直接关系,但是,它本身却与组织自身的资源和能力不完全匹配。

比如,有些中层管理者为了让自己的业绩数据好看,就希望促销活动的力度越大越好,却没有考虑到成本问题,最后导致个人目标达到了,却损失了公司的、组织的利益。

2. 目标无法确定

中层管理者经常改变自己的目标,比如说这个月业绩目标为 20 万元,做三场促销活动;等员工做好准备后,又改成业绩目标 30 万元,做两场促销活动;等员工准备好后,又说考虑到成本问题,促销活动得取消。目标总是变来变去,员工很难开展工作,而且还把时间都浪费在制定目标上。

3. 有总体目标，没有具体目标

很多中层管理者谈得最多的就是明年要完成多少销售额、要增长多少净利润，但却没有规划过具体目标。比如，在实现总目标的过程中，要如何通过控制成本、配置销售费用、调整销售部门人员等措施，以适应更高的目标要求等。没有具体目标，员工根本就不知道该如何去执行。

4. 只有定量目标，没有定性目标

大多数的中层管理者比较关注定量目标，而实际上，定性目标比定量目标更为重要。目标比较明确的销售部门，大部分也是注重销售额、成本费用这些定量目标，但是像营销水平的提高、员工职业生涯的规划、营销培训体系的建设这些定性目标，却很少有中层管理者涉及。

为什么一定要设置定性目标？我们可以通过一个案例来了解。艾米是埃克森公司的一个销售主管，公司给了他一年7000万美元的销售额目标。为了完成目标，艾米几乎把所有员工的时间、组织所有的资源都耗费在上面。

结果却造成了员工没有时间接受培训，销售能力跟不上其他销售团队。而且，因为只顾完成目标，艾米也顾不上标准化、流程化管理。最后，艾米的目标是完成了，但是，他手底下的几个金牌销售员却向他提出了离职，以至于丢失了一大片市场。很多中层管理者都像艾米一样，没有意识到透支资源的后果，以为完成了目标就够了。

6.1.3 如何成为马

1. 与高层一致

一般情况下，公司的组织结构由上到下会形成一个目标系类。下级的每一项工作目标都来自上一层工作目标的分解。但是，在实际的工作中，中层管理者往往会产生与上下级的目标脱节的情况，因而造成了公司的总体目标向下得不到准确分解的情况。

例如，由于公司连续几年利润下滑，总经理决定今年公司的总目标是提升利润。

营销副总决定近期主推 A 产品，而不是 B 产品。因为他认为 A 的市场潜力更大。一旦完成，既可树立公司的形象，又可提高销售额。因此，营销副总的目标是主推 A 产品。

但是，销售总监却认为推广 B 产品比 A 产品更容易，能在一定程度上保持利润。因此，销售总监的目标是推广 B 产品。

区域经理却认为，产品 C 更容易回款，相比前两款产品，推销 C 产品更能调动员工的积极性。因而，区域经理的目标是主推 C 产品。

结果，因为下级的目标不同，使力的方向不同，最后还是无法完成总经理的目标。所以，中层管理者在制定目标时，一定要与高层保持一致。

2. 具有挑战性

中层管理者在给员工制定目标时，通常都会按照自己的经验与数据，确定一定的增长率，却没有考虑到增长率是否合适的问题。具有挑战性的目标应该是员工努力一下就能够得着，而不是跳多高也够不着。

制定的目标相对员工自身的工作能力应略高一些，如此才能达到两方面的效果：一是有挑战性，促使员工提高业务素质；二是让员工获得乐趣，他们并不是每天都在重复工作。

6.2 SMART 法则：具体、可衡量、可接受、有关联、有期限

设立目标不是一件简单的事情，中层管理者在制定目标的过程中常常会犯一些错误，比如目标过于理想化，不符合客观情况，不容易执行落实。要避免这些错误，中层管理者就要学会运用 SMART 法则评估自己的目标，看自己制定的目标是否达到了法则中的五大要求。

6.2.1 S：Specific，明确具体

目标必须是明确具体的。所谓具体就是指中层管理者所制定的目标要与目

标执行者的工作职责或职能相对应；所谓明确就是指目标的工作量、达成日、责任人、资源等是可以明确的。

比如说，增强客户意识这种目标就不明确具体。增强客户意识由谁来负责？具体做法如何？因为增强客户意识有很多做法，比如：减少客户投诉，如上个月的客户投诉率是 3%，这个月要将之降低到 1.5%；提升服务的速度，使用规范礼貌的用语。

有这么多增强客户意识的做法，那么，到底要执行哪个方面？如果无法明确其执行者，肯定就无法执行，更无法进行评判衡量。

因此，在制定目标时可以改为这样："我们要在月底前把收银速度提升一分钟，可以加入微信、支付宝收银，减少找零的时间，具体的工作由收银主管负责。"

6.2.2 M：Measurable，可衡量

如果中层管理者制定的目标无法衡量，那么，员工就无法知道工作方向，更无法确定自己是否已完成目标。没有衡量标准，目标执行者就会尽量减少自己的工作量，因为他们不知道自己要做到什么样的程度，更不管结果如何。

所以，中层管理者在制定可衡量目标时，要做到以下三点（见图 6-2）。

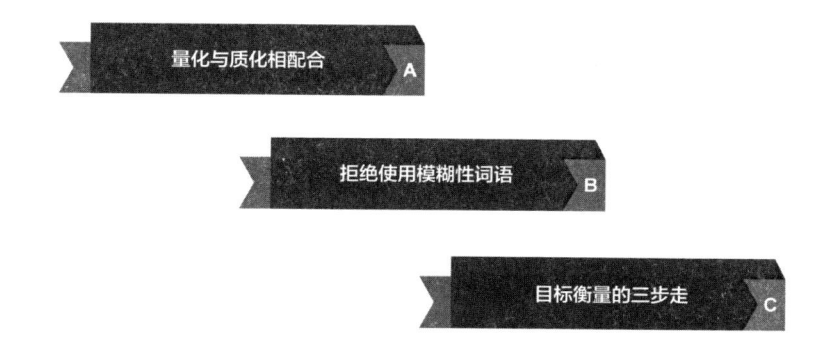

- A 量化与质化相配合
- B 拒绝使用模糊性词语
- C 目标衡量的三步走

图 6-2 制定可衡量目标需做到的三点

1. 量化与质化相配合

中层管理者在制定目标时，其衡量标准应遵循"能量化就量化，无法量化的就质化"。如此，使中层管理者和目标执行者都有一个统一、标准、清晰、可度量的标尺。

2. 拒绝使用模糊性词语

在发布目标任务时，中层管理者要杜绝使用概念模糊、无法衡量的描述性语句。比如说这个月我们的业绩要达到正常标准。那么，什么是正常标准？是100万元还是200万元？像这种模糊用词要尽力避免使用。

3. 目标衡量三步走

对于目标的可衡量性，中层管理者可以分为三个部分进行。第一步，先从数量、质量、成本、时间、上级或客户的满意程度五个方面进行；第二步，如果不能衡量，可考虑先把目标细化，再进行五个方面的衡量；第三步，如果细化后还无法衡量，则可以考虑将目标工作流程化，通过流程化使目标达到可衡量。

比如为新员工安排进一步的技能培训。"进一步"到底是什么？是不是只要安排了培训，不管结果如何，反正培训了就好？

但是，如果将这个目标改成："在一个月内完成所有新员工关于产品销售的培训课，每个员工的总评分需达到8分以上。"这个目标就变得可衡量。

6.2.3 A：Acceptable，可接受

中层管理者制定的目标必须能被员工接受。这里所说的接受是指员工心甘情愿地接受，而不是因为是上司的命令，所以被迫接受。如果是被迫接受，员工就会存在这样一种心理："不接受也得接受，不过不代表自己保证就能完成任务。反正目标这么高，到时完不成也没有办法。"因此，中层管理者在制定可接受目标时，要做好以下两个方面的工作（见图6-3）。

图 6-3　制定可接受目标需做到的两点

比如，一家连锁蛋糕店，按照往年的纪录，一个月的营业额是 15 万元。但是，新到任的店长要求这个月的营业额达到 30 万元。这就属于"跳起来摘星星"的、不可行的、无法让员工接受的目标。没有任何的计划以及时间上的过渡，就要求下个月的营业额翻倍，一般情况下目标不可能实现。但是，如果目标是 20 万元，那么，这就是属于"跳起来摘桃"的目标，只要多做一个活动，这个目标就可以实现。

6.2.4 R：Relevant，相关性

目标的相关性是指实现的这个目标是与其他目标有联系的。如果实现了这个目标，但与其他目标不相关，那么，这个目标即使达成了，意义也不大。中层管理者要明白，工作目标的设定要与员工的岗位职责相关。就像要求销售部门去设计一个网站，销售人员不会设计网站，设计网页和销售的工作没什么关系。

中层管理者如果要让自己所制定的目标与其他目标更具有关联性，那么，在目标设置之初，就要充分考虑到在实现这个目标的同时，如何更好地去实现那些相关性的目标。

比如，把网页设计的工作交给懂程序设计的员工来完成，那么，在设计这

个网页时，就可以多和销售人员沟通，商量如何设计网页才能引起客户对产品的购买欲，客户是否能直接通过网页就完成产品的购买。如此，网页设计完成了，销售额也提升了。

6.2.5 T：Time-bound，有时间限制

如果一个目标没有时间限制，那么，每个人对这个目标的完成时间都有自己的标准。中层管理者认为员工可以早点儿完成，但员工却认为时间很充裕，不用着急。结果，中层管理者要员工交东西时，员工却认为："不是时间还没到吗？为什么现在就要？我还没做好。"而中层管理者却认为："这么简单的事还拖拖拉拉！"这种没有明确的时间限定的方式，也会给目标的考核带来不公正的风险，伤害上下级的工作关系。因此，中层管理者在制定目标时，要考虑以下四点（见图6-4）。

- 根据任务权重、事情轻重，拟定任务完成时间
- 对任务执行进度进行定期检查
- 及时掌握任务进展的变化情况
- 根据任务异常情况变化及时调整工作计划

图6-4 制定有时间限制的目标时需做到的四点

6.3 目标合理分类，层级不同执行不同

在组织的管理实践中，中层管理者在运用目标管理技术时，常常会犯以下两个方面的错误：一是很少有目标体系的概念。常常把对员工岗位职能上的工作要求当成了目标，所以，往往将员工岗位职能的目标也变得非常烦琐杂乱。二是只根据具体工作事务制定目标。也就是说有多少工作事项，就制定多少个工作目标。

中层管理者要明白，工作事项是具体而繁杂的，如果以此来制定目标，不仅目标繁多，还会导致目标方向冲突。因而，目标往往就成了形式。要避免这个情况，就要将目标梳理成一个体系，而建立目标体系的最好方法就是对目标进行分类。通常来说，目标可以根据其性质的不同分为定性目标和定量目标两大类。

6.3.1 定性目标

定性目标是指中层管理者所领导的组织的发展方向和定位，它是组织目标的本质，是无法用具体的数据来衡量的。因此，中层管理者也无法对员工完成的定性目标进行考核。定性目标反映的员工业绩往往是笼统的、涵盖多方面内容的，而中层管理者只能凭借对员工业绩的总体感觉给一个印象分。所以，中层管理者在制定定性目标时，可以按照以下三个方面进行。

1. 细化定性目标，分为多个考核维度

中层管理者可以制定定性指标的考核维度，并根据重要程度确定各维度所占的权重。可以从五个角度来设定定性指标的考核维度（见图6-5）。

需要注意的是，考核维度需要反映三个方面的问题：一是定性目标完成情况的关键环节或是重要方面；二是中层管理者对员工工作要求的主要方面；三是充分体现员工的业绩。此外，考核维度的确定是中层管理者与员工沟通后达成一致的结果。

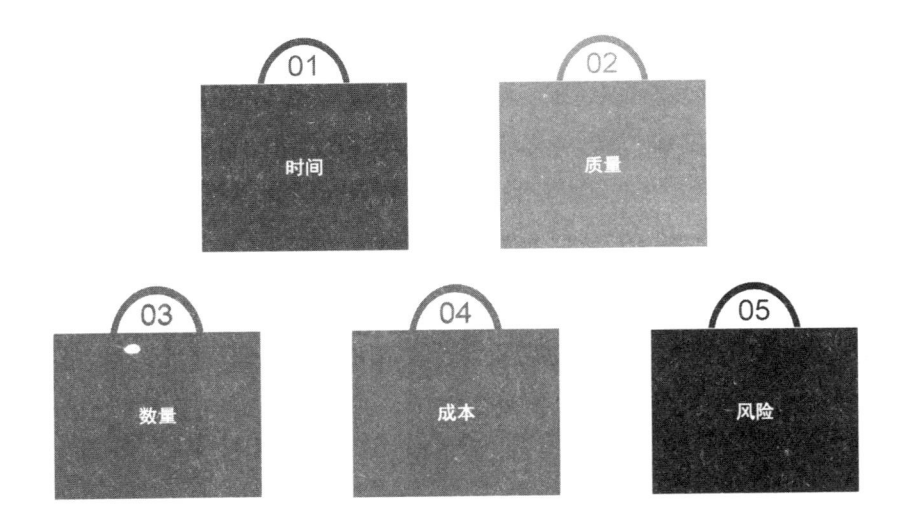

图 6-5 定性指标的考核维度

2. 根据各维度重要性分别设立各维度权重

中层管理者在确定了考核维度之后，还需要根据各个维度的重要程度，分别设立各维度的权重。

比如，Facebook 的客服主管给客服发布了一个任务，就是建立公司的客服管理体系，这就是属于定性目标，因而也只能使用定性考核。客服主管在与员工开会后，决定从三个方面来考查这个定性目标的完成情况（见表 6-1）。

表 6-1 客服管理体系各维度权重

考核维度	分项权重
计划完成情况	20%
《客服管理制度》的评价	40%
实施运行效果评价	40%

第 6 章 目标管理：有方法，有技巧，有效果

从表中可以看到，Facebook 的客服主管把一个定性目标做了进一步的细化，将其分为三个方面分别进行考查。如此，就能减少定性目标整体考核的笼统性与模糊性，也能让员工明确上司对自己的工作要求，便于其对自己的时间与精力进行合理分配，提高工作效率。

3. 针对考核维度，设计具体考核标准

中层管理者在确定考核维度之后，就需要制定相应的考核办法和标准，如此考核才具备可操作性，同时也能降低因中层管理者的主观因素导致考核结果不公平的可能性。中层管理者可按照以下两个方法制定考核标准。

第一种，等级描述法：是指对目标履行情况进行分级，并用数据对各级别进行具体界定，以此对实际目标完成情况进行评价，将其分为优秀、良好、一般、及格、不及格五个级别，并对及格标准和良好标准进行描述的方法。此方法适合经常或重复进行的工作目标，因为能够清晰地用数据描述各个级别的不同。

等级描述法可以让考核有较客观的依据，在一定程度上限制了考核者打分的随意性。及格标准与良好标准的清晰界定，使员工明确了上司对自己的工作要求，有利于提高员工的绩效水平。

第二种，预期描述法：是指考核双方对工作要达到的预期标准进行界定，再根据被考核者实际完成情况与预期标准进行比较，来评价被考核者业绩的方法。此方法适合新的工作任务，因无先例可循，没有数据和事实支持，等级描述法无法支持。

在实际操作中可以将考核者实际完成情况分为五个维度：低于预期，60 分以下；勉强达到预期，60～69 分；达到预期，70～79 分；高于预期，80～89 分；远高于预期，90～100 分。

预期描述法可以起到以下四个方面的作用：一是通过培训、答疑等形式，及时解决试运行过程中的一些问题；二是根据试运行中的情况对原方案进行细化和完善；三是通过试运行，使得目标管理工作能够规范有序地开展；四是促进目标达到初步效果。

6.3.2 定量目标

定量目标是指可以进行准确的数量定义、精确衡量,并设定绩效目标的考核指标,分为绝对量目标与相对量目标。前者是指长度、质量、时间以及其他考核维度的数量,比如销售收入;后者指的是任务单位数量的比值,比如销售增长率。

1. 定量指标五要素

定量指标五要素分别是:指标定义、评价标准、信息来源、绩效考核者与绩效目标(见图6-6)。

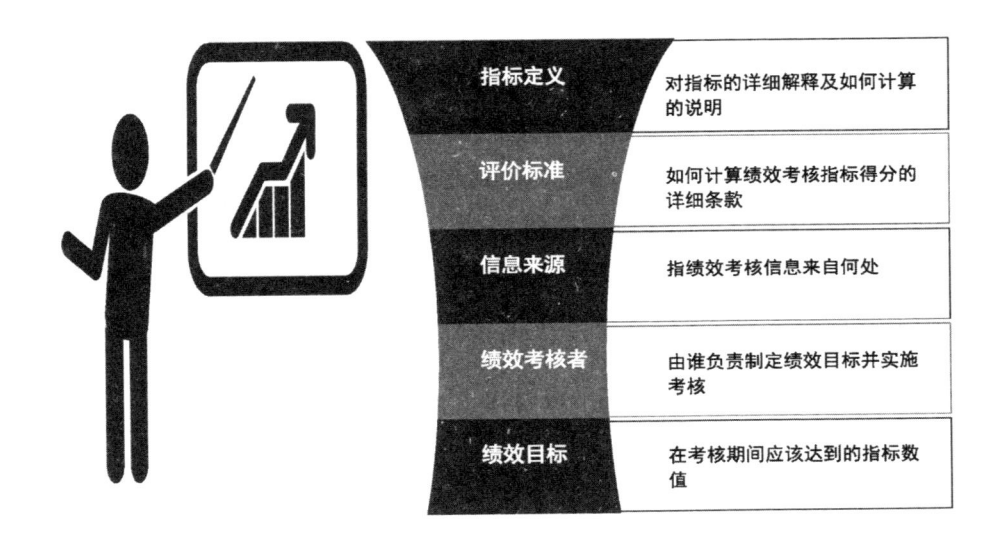

指标定义	对指标的详细解释及如何计算的说明
评价标准	如何计算绩效考核指标得分的详细条款
信息来源	指绩效考核信息来自何处
绩效考核者	由谁负责制定绩效目标并实施考核
绩效目标	在考核期间应该达到的指标数值

图6-6 定量指标五要素

一个定量目标是否合理有效,这五个要素都是非常关键的。尤其当评价标准与工作目标存在联系时,设计指标时更要注意这五个要素。同时,选择目标考核标准的评分方法也是关键点,要根据每个任务目标选择合适的评价方法,而不是"一招走天下"。如此,定量目标的考核结果才能做到公正公平。如一家制造公司某车间的月度目标是"产品质量合格率须达到95%",它所制定的目标考核表就包含了以上五个因素（见表6-2）。

表6-2 某车间月度目标考核说明

	指标说明	任务目标	信息来源	评分标准	绩效考核者
产品质量合格率	合格产品数量/总产品数量	95%	质量管理部	满分10分，达到目标8分，每项合格率降低1%扣1分，升高1%加1分	车间主管

2. 两种定量目标制定方法

定量目标有两种制定评价标准的方法，分别是加减分法与规定范围法。

（1）加减分法。该方法适合目标任务比较明确，任务完成情况稳定，鼓励员工能在一定范围内做出更多贡献的定量目标。一般情况下，在计算得分时最大值不能超过权重规定数值，最小值不能出现负数。上述案例（见表6-2）就属于加减分法。

（2）规定范围法。该方法是经过数据分析及测算之后，评估双方就标准达成的范围进行计算得分。如国内一家公司公共关系总部的目标任务指标是"媒体负面报道情况"。因此，公共关系总部经理依据规定范围法设计了一个考核表（见表6-3）。

表6-3 某公司对销售部门销售收入完成情况考核说明

	指标说明	任务目标	信息来源	评分标准	绩效考核者
销售收入完成情况	考核销售收入完成情况，用实际销售收入除以年初销售收入绩效目标，销售数据用年初自本考核期累计数据计算	8分以上为优秀；6~8分为及格；6分以下为不及格	销售总监	完成率60%以下为0~6分；完成率60%~80%为6~8分；完成率80%~100%为8~10分。以此类推，上不封顶	人力资源总监

6.4 用多权树法逐层分解目标

也许有不少中层管理者在管理组织目标的过程中常常会遇上这样一个问题，目标设定后，总感觉自己已经非常努力了，但是距离完成目标还非常遥远，因而失去了坚持的动力，最终选择放弃。于是，就把目标定小一点，但又发现完成不了公司要求的总目标。其实，要完成目标任务，中层管理者需要懂得利用多权树法分解目标。

6.4.1 定义：目标多权树分解法

目标多权树分解法是专业的目标分解工具，如果中层管理者懂得运用这个工具，就可以为自己的目标管理省下不少心力。它是用树干代表大目标，用每一个树枝代表小目标，用叶子代表即时的目标，也就是指现在要去做的每一件事。这种有条理的计划与分析方法，可以在中层管理者的目标与计划执行之间建立起因果关系。

1984年,东京国际马拉松邀请赛的世界冠军被名不见经传的日本选手山田本一获得。当时,很多记者都在询问山田本一的夺冠方法,但他却闭口不言。10年后,山田本一在自传中回答了记者当时询问的问题。

他在自传中是这么说的:"每次比赛前,我都会先研究路线,并沿途记下比较醒目的目标。比如第一个标志是银行,第二个标志是大树……一直标记到赛程终点。比赛开始后,我就用百米冲刺的速度冲向第一个目标,然后以此类推。40多千米的赛程,被我分解成几个小目标。这样,我就不会觉得赛程漫长,还能因为目标快要达成,激发体内潜能,一鼓作气冲向目标。"

山田本一的方法就是目标多权树分解法,把大目标分解成多个易于达到的小目标。每完成一个小目标时,就获得了"成就感",然后,这种成就感激发了他身体的潜能,推动他往下一个目标奋进。

从这个案例中,我们看到了目标多权树分解法的作用,中层管理者应掌握这种有效的目标管理方法。

6.4.2 运用:目标多权树分解法实际操作

既然目标多权树分解法的效果这么好,那么中层管理者应该如何实际操作呢?其实很简单,按照以下六个步骤进行即可(见图6-7)。

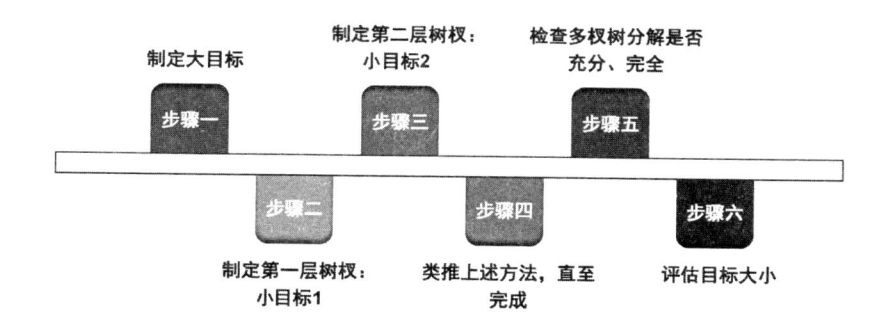

图6-7 目标多权树法六大操作步骤

步骤一：制定大目标

中层管理者要先定下一个大目标，然后询问实现该目标的条件是什么，列出实现目标的必要条件与充分条件。

步骤二：制定第一层树杈：小目标 1

回答上述两个问题后，就可确定完成大目标之前必须先达到的小目标。每一个小目标，其实就是大目标的第一层树杈。

步骤三：制定第二层树杈：小目标 2

列出第一层树杈的目标后，就要问实现这些小目标的条件是什么，列出达成每一个小目标的必要与充分条件。如此就会变成小目标 1 的第二层树杈"小目标 2"。

步骤四：类推上述方法，直至完成

根据步骤二与步骤三的方法类推，直到画出所有的树叶，完成该目标的多杈树分解。如此，每个目标都会被描绘成一个枝繁叶茂的大树。

步骤五：检查多杈树分解是否充分、完全

从叶子到树枝再到树干，反过来对多杈树检查一遍。然后问如果这些小目标都完成了，大目标就一定能完成吗？如果答案是肯定的，就表示这个目标分解已经完成。如果是"不确定"，就需要继续分解，将之补充完成。

步骤六：评估目标大小

目标评估可以分为目标合理性评估与计划可行性评估，其评估核心是对目标大小的评估，其评估条件是目标多杈树分解已经完成。

6.5 4D 原则：立即做、稍后做、授权做、不做

美国管理学专家史蒂文·希朗曾做过一个观察实验，他发现："凡是在个人休闲时间，对公司事务放心不下，给员工打电话的管理者，都不能算作一个完全称职的经理。"他认为，称职的经理离开办公室一天，工作也不会出问题。在

个人休闲时间还要事无巨细掌控工作的,一方面会让自己很累,另一方面也无法让自己与员工更高效地完成核心目标工作。

要做好一名称职的经理,就应该明白什么事情应该立即做、稍后做、授权做、不做,也就是说,要掌握目标管理的"4D原则"。

6.5.1 按4D原则选择工作方法

有不少中层管理者常抱怨工作太多、事务太杂、时间太少、上班太忙。为什么会出现这种情况呢?很大程度上是因为他们不懂得如何安排自己的工作。

罗伯特是美国某著名电脑公司旧金山分部的一名销售主管,他刚接手销售主管的工作时,每天早上都要早起去公司开门,这对习惯了晚睡晚起的他来说非常痛苦。因为他认为自己是主管,必须以身作则,第一个到公司。其次,公司只有他有钥匙,每次只要他睡过头,等他到公司时,就发现员工们都站在公司门口等他,这让他非常尴尬。因此,他只能选择早起去公司开门。可是这样对自己的影响非常大,最后,他决定把钥匙交给助理,让助理提前一小时到公司开门。

有一次,一名员工走进他的办公室,向他抱怨饮水机坏掉了,需要去储物间拿工具。罗伯特感到莫名其妙,问员工:"这种事找助理就好了,为什么要找我?"员工回答说:"助理说,钥匙在您这儿。"

此时,罗伯特终于意识到,自己需要改变的不是一两把钥匙的问题,而是有些事有没有必要自己去做的问题。意识到这个问题后,罗伯特按照4D原则做了以下安排(见图6-8)。结果,他的工作少了,但是工作效率却提高了。

授权做	立即做	稍后做	不做
Delegate	Do it now	Do it later	Don't do it

图6-8 按4D原则选择工作方法

1. 授权做：Delegate

把不太重要的工作交给员工去办，这样就可以腾出更多的时间与精力去做更为重要的事情。

2. 立即做：Do it now

当罗伯特接到上司指令时，如果这个指令非常重要，他就会立即去执行，绝不拖延，也不会授权他人去执行。同时还会按照重要性的优先顺序，将其安排到日常表的第一位，然后亲自执行。

3. 稍后做：Do it later

把一些次要的、不紧急的工作先放一放，在完成重要、紧急的工作后，再去完成它们。

4. 不做：Don't do it

罗伯特会把一些与目标没有关系的工作丢掉，不去执行它。

6.5.2 确定4D内容：评估、排除、委派

对于中层管理者来说，只是了解了目标管理的4D原则还远远不够，要将之成功运用到自己的实际工作中，并达到应有的效果，还需要区分什么工作应该马上执行、什么工作应该稍后执行、什么工作可以不执行。如此，你的目标才能得到保证。

那么，中层管理者如何才能确定什么工作需要立即做、授权做、稍后做、不做呢？可以按照以下三个方法进行。

1. 评估法

评估法是指用目标、需要、回报对要做的工作进行评估。直白地说，就是一件事、一项工作要选择4D原则中的哪一种执行方式，中层管理者要进行事先评估：这项工作与你的目标相关吗？完成这件工作可以得到多少回报？需要修改目标工作的错误，还是要缩短目标工作完成的时间？

比如，你是一家火锅店的店长，这个月的营业额目标是100万元。你正着手策划一个促销活动方案，准备利用这个促销方案提升业绩。但是，公司却安

排你抽出一周的时间培训新人。此时，你就要评估一下，这两件事哪个比较重要。

2. 排除法

排除法是指排除不必要的工作，把要执行的但不一定需要自己执行的工作委托给员工。比如，你觉得训练新人更重要，那么，你这个月的销售目标可能完成不了；如果你觉得促销活动更重要，那么，你就可以把训练新人的事情安排给经验丰富的员工，或是考虑把事情延后，等做完这个策划案，再去训练新人。

3. 委派法

委派法很简单，就是直接把工作交给员工去做，并说明相关的情况。但是，委派工作给员工时必须有标准（见图6-9）。

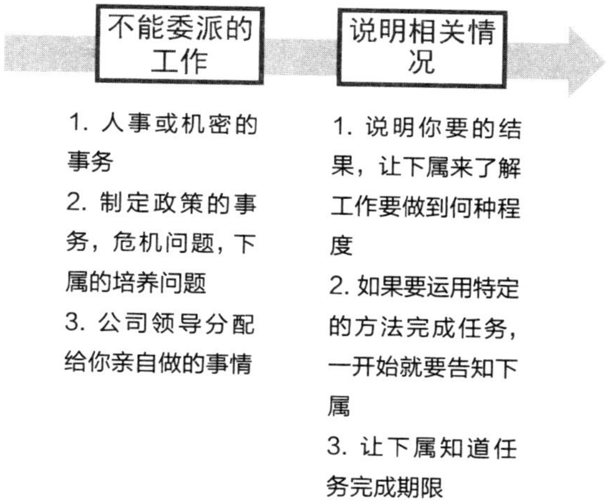

不能委派的工作	说明相关情况
1. 人事或机密的事务	1. 说明你要的结果，让下属来了解工作要做到何种程度
2. 制定政策的事务，危机问题，下属的培养问题	2. 如果要运用特定的方法完成任务，一开始就要告知下属
3. 公司领导分配给你亲自做的事情	3. 让下属知道任务完成期限

图6-9 委派工作的具体标准内容

第 7 章
任务布置：走流程按标准，工作发布清晰

在中层管理者的日常管理工作中，布置工作是最基本也是最重要的工作之一。当公司制定的战略已经明确，中层管理者的工作就是把战略意图分解为可执行的计划。而在计划具体执行的过程中，如何布置工作是决定该计划能否得到有效执行的关键点。

7.1 按程序走：环环相扣，信息不偏差

中层管理者可能常常会遇上这样一种情况："安排给员工一个工作，本来以为他能做好，结果却令人失望了！"这是员工的原因吗？也许有一部分是员工的原因，也许是因为中层管理者的布置工作没有做好。布置工作不是简单地说一句话，它涉及一定的程序标准、方法和技巧。只有掌握了这些，布置工作时，传递给下属的信息才不会出现偏差。

7.1.1 让员工理解你的意思

布置工作首先就要让员工理解你的意思。员工对任务信息的理解程度越高，信息偏差的可能性就越低。因此，中层管理者必须做到以下四点（见图7-1）。

A 不要把任务讲得过于详细和冗长

B 强调结果，不要强调方法

C 让员工复述任务内容

D 使用任务式的命令法

图7-1　让员工理解任务信息的四个方法

1. 不要把任务讲得过于详细和冗长

在给员工发布任务时要突出重点，如果你把命令表达得过于详细和冗长，很容易让员工产生误解，从而造成执行不到位的情况。

2. 强调结果，不要强调方法

中层管理者如果想要自己的指令表达得简要中肯，让员工能明白重点，在

表达时，就要强调结果，而不是强调方法。当员工明确地知道你想要获得的结果是什么，了解他们的工作是什么时，他们才会意识到自己必须拼尽全力，否则就无法达到上司所要的效果。

3. 让员工复述任务内容

在布置完工作任务后，让员工复述一遍。如果发现他们没听明白，就要让他们提出问题，或是中层管理者向他们发问，如此，就能了解员工是否理解了任务信息。

4. 使用任务式的命令法

使用任务式的命令法，你不但可以管好员工，还可以使员工尽力发挥自己的创意。

7.1.2 丰田工作法：布置一份"三有工作"

日本丰田公司考查管理者的标准就是："有没有让员工在做三有工作。"这"三有"分别是有难度、有干劲、有成就感。在丰田，有一个基本问题每个管理者都要回答，那就是"你的员工有多少时间在从事有价值的工作，而不是在浪费时间和资源？"因此，丰田的每个中层管理者都会尽力为员工布置"三有工作"（见图7-2）。

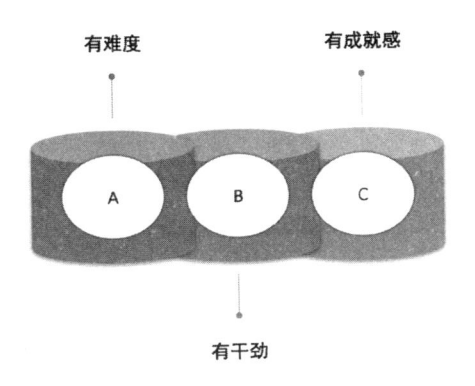

图7-2 丰田"三有工作"

1. 有难度

中层管理者给员工布置的工作要有一定的难度。这个难度，就是为了把握员工的特点与职业发展方向，然后再结合部门内部业务发展的方向，给员工布置一份能提升能力的工作。

2. 有干劲

中层管理者给员工布置的工作一定要让其有干劲。所谓的有干劲，包括三点：一是通过日常的即时反馈，让员工有被关注、被重视的感觉；二是通过观察每天的工作情况，发现员工工作中出现的问题，帮助员工分析问题出现的原因，并解决问题，让员工在工作中学习到新东西；三是在问题解决后，可适当提出一个新要求，让员工有一种游戏闯关的挑战感。

3. 有成就感

中层管理者给员工布置的工作要能让其获得成就感。所谓的成就感就是及时评价员工的工作，针对工作情况进行反馈，给予员工肯定与赞美。

7.1.3 六大程序，缺一不可

英国著名咨询师拉里·雷诺兹曾指出："如果员工得到的指示是模糊的，他就得学会猜测别人心思，揣摩领导到底期望自己如何做。员工只有接收到了明确的信息，才能把工作做好。作为中层管理者，在一开始布置工作时，就要向员工说明你期望他做什么，做出什么样的结果。"中层管理者需要按照以下六个程序来布置工作（见图7-3）。

1. 用量化指标描述结果

中层管理者要让员工了解到你到底希望他们给你一个什么样的结果。因为有时人们对同一句话的理解是不同的。所以，在和员工谈论结果时，不要使用抽象字眼，要用明确的、量化的指标来描述它。如此，员工才能理解你的意思。

2. 给一个可操作的尺度

中层管理者要明确告诉员工完成任务应该遵循的基本准则，给他们一个可操作的尺度，提醒他们要按照公司的价值观行事。中层管理者无须详细讲述完成任务的具体措施。

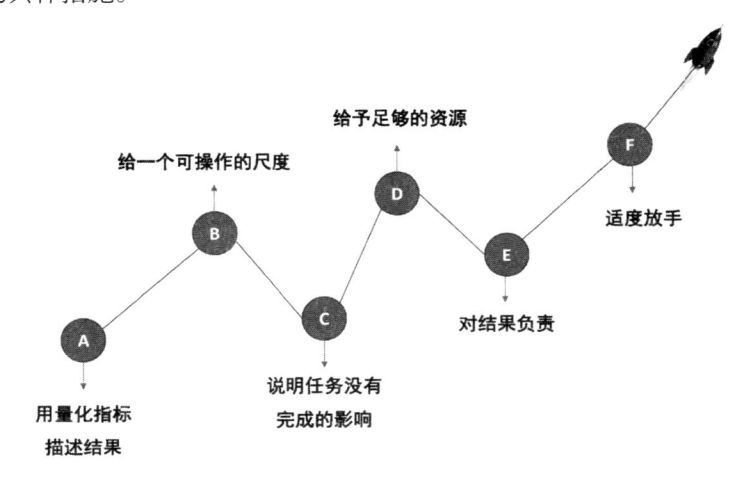

图 7-3　布置工作的六大程序

3. 说明任务没有完成的影响

中层管理者要向员工说明，他们的个人行为对整个任务会形成什么样的影响：如果没有完成任务，会对公司、部门以及个人造成什么样的负面影响；如果完成了，又会获得什么样的正面影响。员工在了解了这些影响之后，就会为完成任务而做出努力。

4. 给予足够的资源

中层管理者要了解员工有多少可用资源，并给予员工足够的资源，如物质资源、财务资源、人力资源、时间资源，只有给足了员工完成任务所需要的资源，员工才能高效完成任务。

5. 对结果负责

给予员工任务时，也要给予责任，让他们对任务结果负责。中层管理者要和员工明确，他们将在什么时间、什么地点、以什么样的方式来向你汇报工作。让他们对结果负责，而不是对方法负责。要注意的是，员工无论用什么方法来完成任务，只要不违背原则，中层管理者都不应该干涉。

6. 适度放手

在完成以上五个步骤后，中层管理者就要适度放手，让员工独立去完成任务。中层管理者可以监督，但一定要有度。如果是小任务，就完全放手让员工去执行，只要让员工把结果汇报给自己即可。如果任务比较重大，可以和员工一起就任务的不同发展阶段进行回顾和讨论，发现并修改其中的不足之处。

7.2 确立标准，明确规范要求

管理学大师彼得·德鲁克曾说过："管理就是原则。"原则的意思很简单，就是一种行事标准，是对工作质量的一种规范要求。因此，中层管理者在给员工布置工作时，一定要确立标准。这样，不只你评价考核起来简单，员工执行起来也相对容易。

7.2.1 四个标尺：数量、质量、成本、时间

从哪些维度上给工作确立标准呢？总的来说，确立标准的维度无非就四个（见图7-4）。

数量	质量	成本	时间
□	□	□	□

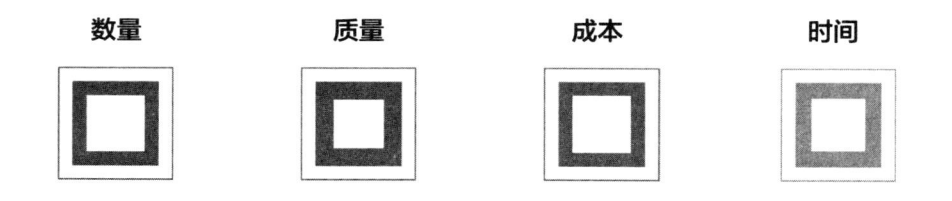

图7-4 确立标准的四个维度

维度一：数量。工作标准可以从数量上进行确定，比如产量、次数、频率、销售额、利润率、客户保持率。

维度二：质量。从质量上确立工作标准，需包括以下几个内容：满意度、

通过率、达标率、创新性、投诉率。

维度三：成本。从成本上确立工作标准，需包括以下几个方面的内容：成本节约率、投资回报率、折旧率、费用控制率等。

维度四：时间。从时间上确立标准，需包括以下几个方面的内容：期限、天数、及时性。

如果是定量工作，那么，中层管理者就需要从数量、成本等角度来确立工作标准。比如：星巴克在某地的实体店2018年4月的营业额需要达到100万元；娇兰佳人在某地的实体店在2018年三八妇女节举办的促销活动，成本需保持在5000元上下。

如果是定性工作，那么，中层管理者就可从质量、时间的角度来考虑。如韩都衣舍天猫店客服的服务好评率需达到99%；小米公司的MIUI系统更新速度为一周一次。

7.2.2 量化标准，执行更好把握

如何给工作确立标准？其实最好的办法就是将其量化，用具体的数字、明确的语言对工作标准进行描述。例如一家北京工程设备公司销售经理对员工工作标准的量化（见表7-1）。

表7-1 工作标准量化统计

工作任务	量化标准1	量化标准2	量化标准3
制订出月工作计划和周工作计划及每日的工作量	每天至少打30个电话	每周拜访20位客户	上午重点电话回访和预约客户，下午时间长，可安排拜访客户
拜访客户	了解客户的主营业务和潜在需求	先了解决策人的个人爱好，准备一些对方感兴趣的话题	为客户提供针对性的解决方案

工作记录	每天一次	记录重要事项	标注重要未办理事项
前期项目重点跟进	至少一周回访一次客户；其他阶段跟踪的项目至少两周回访一次	必要时配合工程商做业主的工作	工程商投标日期及项目进展重要日期需谨记，并及时跟进和回访
投标过程中	提前两天整理好相应的商务文件	确定要送到工程商手上，以防有任何遗漏和错误	
投标结束	及时回访客户，询问投标结果	中标后主动要求深化设计，帮工程商承担全部或部分设计工作，准备施工所需图纸	

案例中准确量化的标准，员工一看就知道怎么做，工作因此也变得十分简单。工作简单，效率自然就高。中层管理者在量化工作标准时，需要注意以下两个问题。

1. 根据实际情况设置工作量化标准

在给工作标准设置定量时，除了要遵循一些基本原则来设定标准值外，还要根据公司的实际情况适当变化。如果员工的工作能力或公司的竞争力在市场上处于中下游，那量化标准设置得太高，员工就很难完成工作。

2. 根据工作过程调整量化标准

量化指标设置并不是一成不变的。员工在执行工作的过程中可能会遇到各种各样的情况，如市场、行业上的巨大波动，公司经营情况、管理水平产生变化，中层管理者要根据情况调整工作量化标准。

7.2.3 有理由、有目的、有承诺

除了要在工作要求上设立标准，中层管理者还要在布置工作时设立标准，其主要包括三个部分的内容标准：一是理由；二是目的；三是承诺。换言之，就是布置的工作不能无的放矢，否则很容易引起员工的不满，间接导致工作被打折扣。如何才能避免这种情况呢？首先必须设立以下六个方面的标准（见图7-5）。

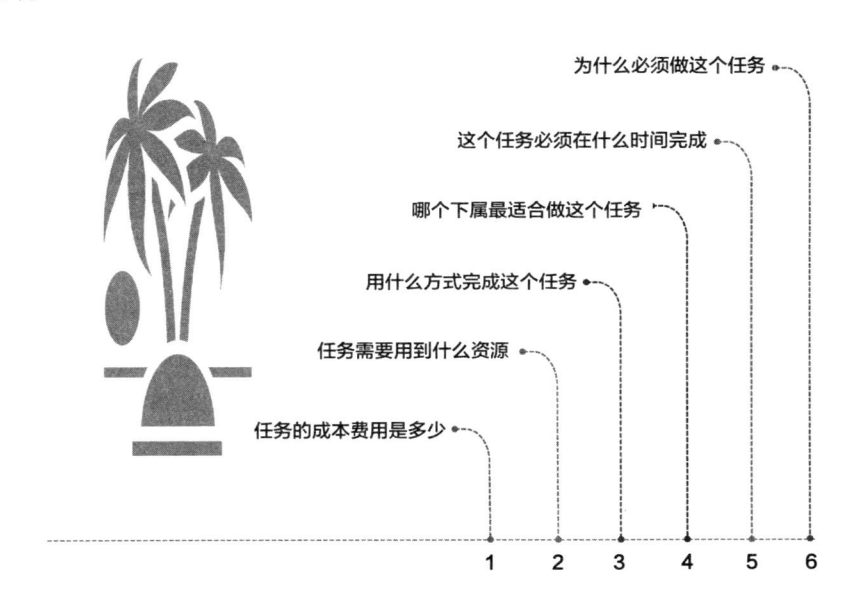

图 7-5　布置工作的六大标准

1. 任务的成本费用是多少
2. 任务需要用到什么资源
3. 用什么方式完成这个任务
4. 哪个下属最适合做这个任务
5. 这个任务必须在什么时间完成
6. 为什么必须做这个任务

在确定自己的工作布置符合了以上的六个标准后，中层管理者还要给员工一个承诺。比如说完成这个任务可以得到什么奖励，无法完成这个任务会得到什么样的惩罚。如此，员工才会高效地执行工作。

琳恩是美国一家化妆品店的销售主管，手底下有10名员工。琳恩的上司要求她在2017年第四季度完成50万元的销售额。此时，距离第四季度已经很近了，琳恩也向她手底下的销售员传达了上级领导的要求。

琳恩是这么说的："各位同事，公司要求我们第四季度完成50万元的销售

额,这个任务虽然艰难,但并不是不可能完成的。现在距离第四季度已经很近了,我们从现在就要开始把业绩提升上来了。"

但是一个月过去了,琳恩发现大家的业绩并没有提高,甚至还有点下滑。琳恩非常着急。她观察了几天后发现,员工的工作积极性并不高,店内也没有举办任何促销活动。琳恩百思不得其解,为什么会这样呢?难道他们不想拿到更多的业绩吗?经过思考后,琳恩终于发现了其中的问题,原来她发布任务的方式不对。

于是,琳恩再次召集员工开了一个会,重述了这个任务。这次,琳恩是这么说的:"大家都知道第四季度要完成50万元的销售额,现在已经过去一个月了,然而业绩并没有提升。公司之所以有这个要求,是因为公司要按照每个店完成的销售额进行奖金发放,完成50万元可以额外获得5万元奖金,谁做出的贡献最大,谁就能获得最多的奖金。所以,我们要改变一下工作方式了。营销人员要多策划销售活动,比如满减、打折促销等活动要多举办几次,其他工作人员要配合营销人员的工作。会计人员开完会后计算一下活动的成本预算。"

一个月后,琳恩发现店内业绩有明显的进步,按照每天增加的营业额,第四季度的销售额肯定可以达到50万元。

琳恩第二次开会把理由、目的、承诺都告诉了员工,甚至还对如何提高营业额做出了具体的指导,而不是做甩手掌柜。最为重要的是,琳恩给了员工承诺,完成任务后有5万元的奖金。有了这个具体的、标准的承诺,员工的工作积极性自然提高了不少。

7.3 参考工作派遣单,迅速提升执行力

中层管理者在布置工作时,也许经常被这样一个问题所困扰:"工作标准说了,可是员工的执行力仍然低下!"其实,这个问题很好解决。中层管理者可以为每项工作任务制作一张工作派遣单,按照派遣单的内容给员工布置工作。

7.3.1 派遣七标准，缺一不可

"小林，这个星期做一个促销活动。"

"好的，经理，什么样的促销活动呢？"

"与之前一样的就行。"

"买一赠一，那什么产品参与促销呢？"

"欧莱雅洗护系列吧！"

"促销多长时间呢？"

"三天！"

"在哪个店面做促销呢？"

"你怎么这么麻烦！赶紧去吧！"

小林还想问一些细节，但是看到上司已经很不耐烦，他就不敢再问了。三天后，促销活动完成了。但是，上司却怒气冲冲地问小林："这次促销活动，你怎么让全部店面都做啊？"小林没敢当场辩解，但心里却想："做活动前，问你有什么具体要求你又不说，等到出问题了又骂我。"

这样的情况想必在职场上经常发生，这时中层管理者可以通过设计一个工作派遣单，避免出现这个问题。派遣单的内容都包括哪些呢？通常情况下，派遣单中有七个因素是必须具备的（见表7-2）。

表7-2 工作派遣单

执行时间	开始时间		结束时间	
执行地点				
执行人员	第一责任人	第二责任人	配合人员	
执行标准	及格标准	良好标准	优秀标准	
执行资源	公司资源	组织资源	上司支持	
执行风险	风险1	风险2	上司提醒	
执行等级				

因素一：时间。工作的开始时间与结束时间、什么时间需要汇报。

因素二：地点。在什么地点执行工作任务。

因素三：人员。谁是第一、第二责任人，配合的人员是谁，要向谁汇报。

因素四：标准。任务要达到什么程度才算完成，不及格、及格、良好、优秀的评判标准是什么。

因素五：资源。明确可以调配的资源，自己可以给员工哪些支持。

因素六：风险。预测可能遇到的风险，并把风险告知员工，让其做好准备。

因素七：等级。确定该项工作的等级，并根据实际情况确定评判标准。

7.3.2 根据派遣单实施奖惩

中层管理者根据工作派遣单布置工作后，还要懂得利用派遣单来实施奖惩。否则，派遣单也就起不了提高执行力的作用。要让干好的有舞台、干多的得奖励、干事的得体现、干不好的得处罚。其具体内容包括以下三个方面（见图7-6）。

设立工作派遣单的评价标准　A

实施双向监督评估制　B

与月、年度考核同时进行　C

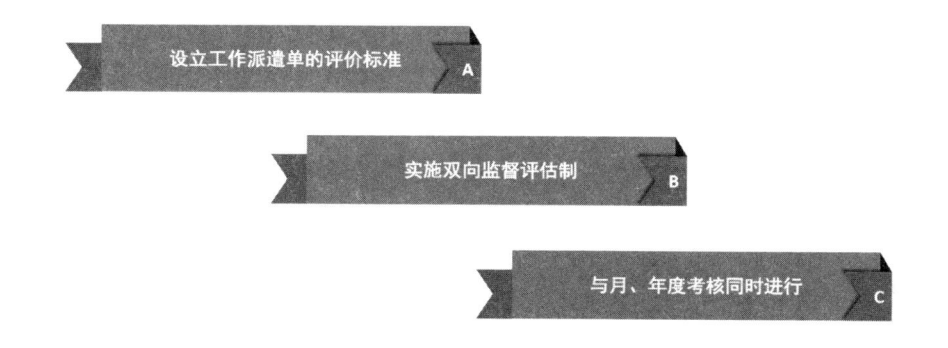

图7-6　根据派遣单实施奖惩的三大具体内容

1. 设立工作派遣单的评价标准

中层管理者要根据工作任务的急、难、险、重来给派遣单分等级。难易程度方面，一般工作分值为0～2分；重要工作分值为2～4分；紧急工作分值为 4～8 分；突发性重大工作分值为 8～10 分。

2. 实施双向监督评估制

中层管理者可以针对工作派遣单制度实行双向监督评估制，可以由派遣工作的第一负责人与自己一起对派遣工作的进度、完成情况进行检查与评估。评估合格的，增加对应分值；没完成或者没按时完成的，扣减相应分值。一旦发现进度明显滞后的，就要形成书面材料上报公司，并及时更换他人完成派遣工作，保证工作能够在规定的时间内完成。

3. 与月、年度考核同时进行

中层管理者可以把工作派遣单的得分与月、年度考核相结合，考核结果直接与个人评优选优、月度及年终绩效考核、职位进退流转等挂钩。累计积分低于 60 分的，年度考核不得评定为合格，当年不得评先选优及职务晋升，并接受一定惩罚；对圆满完成年度各派遣任务、工作成绩特别突出的，除了给予一定的奖励外，还要将之纳入重点职员行列，优先培养与管理。

7.4 落实责任制，预防推脱

在中层管理者的管理中，最常遇到的问题就是"责任分散效应"。这是一种较为常见的现象，也可称之为旁观者效应。是指中层管理者如果让员工单独完成任务，那么，他的责任感就会很强，工作态度也会很积极；但是，如果让一个群体共同完成一个工作，那么，这个群体中的每个个体的责任感就会减弱。责任分散的最明显表现就是人多不负责、责任不落实。因此，在布置工作时，中层管理者就要把责任明确，避免"责任分散效应"的出现。

7.4.1 把工作明确具体

工作明确具体是指把每个人需要完成什么工作做出明确的指定，具体到人、具体到事。比如，一家出版公司要策划一本图书，那么，总编就要把工作具体到人、具体到事。如文字编辑负责文字上的工作，美术编辑负责封面、图片，审稿人员负责找出图书中的明显错误，校对人员负责修正文字细节问题……一本图书，每个人需要负责完成的工作不同，出现问题时，找负责该部分的人解决即可。如此，就不会发生文字出现问题找美术编辑、审稿出现问题也找美术编辑的情况。

7.4.2 严格执行奖惩制度

中层管理者如要避开"责任分散效应"，防止责任推脱，保证工作的完成，就应该严格执行奖惩制度。对于积极承担责任、出色完成工作的员工，要给予适当的奖励；对于态度消极、工作完成度低的员工，要给予适当的惩罚。如此，才能形成积极进取的工作氛围。

奖惩制度是中层管理者规范员工行为、确立责任的重要手段，所以，在设计奖惩制度时一定要遵循以下五条原则（见图7-7）。

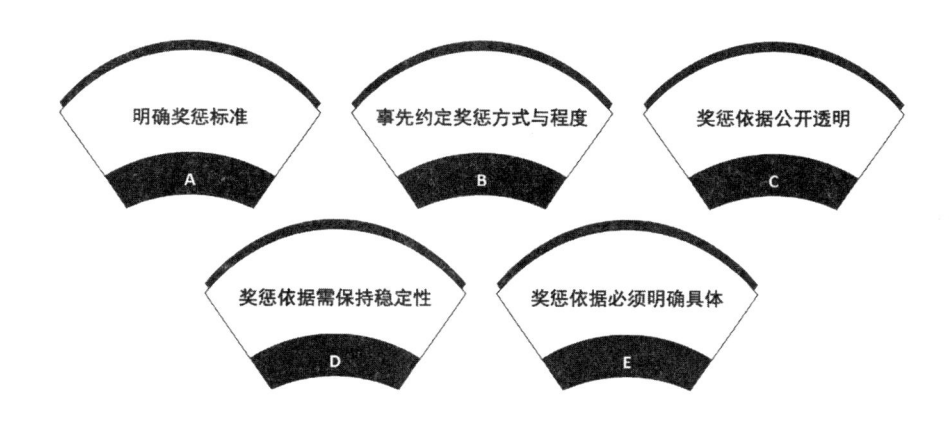

图 7-7　奖惩制度的五大设计原则

原则一：明确奖惩标准。中层管理者要明确什么样的行为需要奖励、什么样的行为需要惩罚。

原则二：事先约定奖惩方式与程度。在设计奖惩制度前，要和员工进行沟通，让员工明白什么事情应该做，什么事情不应该做，什么事情是可以容忍的，什么是不能容忍的。如此，员工在完成工作的过程中，就知道自己该怎么做。

原则三：奖惩依据公开透明。中层管理者制定奖惩制度时的依据必须公开透明，双方都能准确、全面地把握其具体的内涵与要求。这样，就可以避免为了奖励而奖励、为了惩罚而惩罚的无效情况发生。

原则四：奖惩依据需保持稳定性。中层管理者需保证奖惩依据的稳定性，即使要修改，也必须有让人认同的理由。如此，才能不会因为依据多变而让奖惩制度变成没有约束力的文字。

原则五：奖惩依据必须明确具体。不能只是一个原则性的说明，而是要将其具体量化。比如做到什么程度就会有什么奖励；犯错误达到什么严重程度，就会有什么样的处罚。

7.4.3 强化领导角色

莉莎是玫琳凯北京某区的经理，她要求 A 组策划一个营销活动，希望能提高 2018 年 4 月份的销售额。她在会上表明这是一个集体性的任务，需要全员参与。安排完这个工作后，莉莎准备着手策划 5 月份的员工培训工作。但她发现，直至 4 月底她的员工培训准备工作也没有完成。原来，虽然她把 4 月份的营销工作安排给了 A 小组，但是，A 小组几乎每天都有成员来向她请示、汇报工作，莉莎几乎把时间都花在了 4 月份的营销活动上。

为什么会出现这种情况？其实就是因为莉莎在布置一个集体性工作时，没有安排一个领导人的角色，所以，A 小组的成员只好事事都向她请示汇报。

中层管理者如果布置的是集体性的工作，那么，就要给这项集体工作安排一个负责人，并给予负责人一定的权力。同时，作为上司的中层管理者需向群体中的其他员工强调此次担任领导的负责人的地位与权力。如此，在任务出现问题时，中层管理者就可以直接找主要负责人。同时，也可以由主要负责人来负责汇报工作，而不是每个员工都来跟自己做汇报，增加自己的工作负担。

7.5 利用工作日志进行反馈监督

有不少中层管理者在布置完工作后，忽视了反馈与监督工作，从而导致工作出现严重问题。实际上，并不是中层管理者不重视反馈与监督的工作，而是他们没有找到好的监督方法。中层管理者身为一个组织的领导，不可能每天都去检查员工的工作情况，也不可能每天都让员工来向自己汇报。因此，在没有充足的时间与精力的情况下，只能大体地掌握情况，这样就容易导致工作出现问题。要避免这个问题，中层管理者可以利用工作日志的方式对布置的工作进行监督和反馈。

工作日志是指针对自己的工作，每天记录工作的内容、所花费的时间以及在工作过程中可能会遇到的问题、解决问题的思路与方法。它可以帮助中层管理者根据其所记录的内容，对相关员工的重要事情进行跟踪，并在跟踪过程中把握工作进度，把风险降到最低。此外，工作日志也是员工的业绩证明。谁较好地完成任务，谁对任务持消极态度，一眼就能看出。

7.5.1 明确工作日志执行规范

有些中层管理者认为工作日志起不到反馈监督的作用，从而放弃使用。实际上，日志没有起到反馈监督的作用多是因为管理规范不够明确，没有一个清晰明确的"工作日志执行规范"。

这里所说的"清晰明确的规范"，是指要根据员工的岗位性质、任务特点等进行有针对性的要求。

比如研发与销售，这两个岗位的任务有着明显的差异，中层管理者对其工作日志的要求就不能一概而论。研发属于技术类，更应该侧重阶段性的要点；销售任务多数为日常工作，只有在重大节点会有突破性进展。保证员工的工作日志有针对性、有规范性，才能起到反馈监督的作用。

如一家培训机构的推销员叶欣的工作日志（见表7-3）：

表7-3　叶欣每日销售工作日志

工作内容1	回访学员	工作时间	9:00—10:00	详情	百度贴吧发帖子3篇；公众平台发布消息3条；微博宣传3篇	结果	产生意向1个（姓名：×××；电话：×××）	问题	无
工作内容2	参加培训	工作时间	10:10—12:00	详情	参加公司各产品勾稽关系的培训会议。由张老师给公司全体员工培训公司各产品勾稽关系	会议结论	详见《2018年10月22日会议记录》	问题	无
工作内容3	打电话邀约	工作时间	14:00—17:30	详情	打了30通电话	产生结果	会议意向2个（姓名：×××；电话：×××）	问题	电话资源一般，重新找电话资源
今日自我评估	今日工作饱和								

明日计划	计划1	开发新的意向学员至少3人	计划2	给交大某MBA学员打电话，通知缴费					
记录人	叶欣	记录时间	2018年10月22日						

7.5.2 管理要到位

管理到位是保证工作日志产生效果的第二步，此处的管理包含两个意思：一是外在的强制管理。执行度高会有什么奖励，执行度低会有什么惩罚，中层管理者应该根据考核结果配套相应的正负激励措施。二是内在作用管理。强制管理只是一个手段，一味地强制只会引起反弹，应该让员工意识到记录工作日志能对个人、组织的工作起到帮助。

7.5.3 建立高效信息平台

艾玲是美国西尔斯百货公司的一名销售主管，近日她在工作上遇到了一个很大的烦恼。她发现自从在2018年1月开始执行工作日志后，自己的工作变得非常多。每日查看工作日志、统计每个销售员的工作成绩就要花上她一个小时的时间，到了月底，统计的工作更多。在执行两个月后，艾玲发现这不是办法，于是决定停止执行工作日志。

有不少执行工作日志制度的中层管理者，也遇到了像艾玲一样的问题。其实，这个问题非常好解决，只需要建立一个高效的信息平台即可。

工作日志的执行是个长期、烦琐的过程，对工作日志进行统计与考核更是个烦琐、庞大的工程。如果要让工作日志长期执行下去，中层管理者势必要搭建一个功能配套齐全、操作便捷的信息化平台，通过信息化的手段和技术实现日常的分类、权限、上传、统计、考核等各项事务。

如此，中层管理者就可节省不少的时间与精力，同时又让工作日志制度起到了该有的作用。如 CRM 工作日志管理系统、日事清都是不错的工作日志平台，中层管理者可以选择适合自己组织的工作日志管理平台。

第8章
权力授控：向"一抓就死，一放就乱"说不

中层管理者要做好管理工作，就必须学会给员工授权。授权是让中层管理者从繁重的业务工作中解脱出来的最有效手段。中层管理者要懂得总揽全局，负责做好一些决策性、规划性的工作，而那些具体、繁杂的事情应该由员工去执行。中层管理者必须明白，在授权的同时，也要学会控权。

8.1 授权有道,带出打不垮的铁血组织

中层管理者要想带好团队,就要识人善用,要辅导和培养下属,让其能在工作中成长起来。而在这个过程中,授权就起到了非常关键的作用。那些失败的中层管理者,大多都不懂授权的艺术。

8.1.1 掌握授权三要素

授权给员工,就是中层管理者要将工作交给员工去做,而授权行为由三种要素构成(见图8-1)。

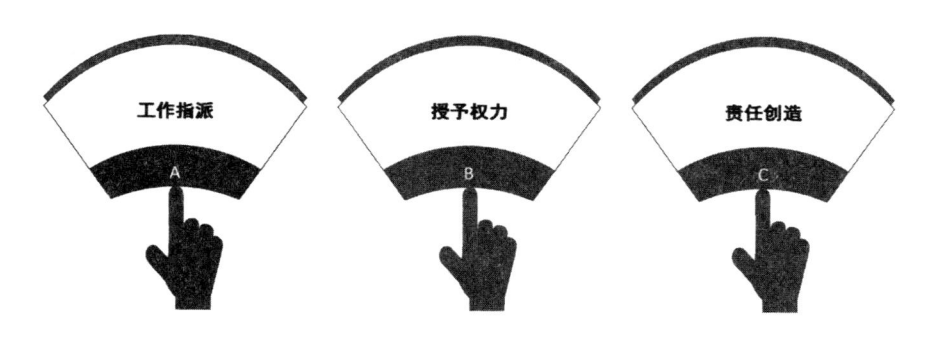

图8-1 授权三要素

1. 工作指派

很多中层管理者在给员工指派工作时,往往只注意交代工作内容,却没注意到让员工了解自己所要求的工作成效。之所以强调这一点,是因为如果中层管理者未能让员工充分了解自己所要求的工作成效,那员工最后的工作结果肯定无法达到要求。

2. 授予权力

在指派工作时,中层管理者都应赋予同等的权力,这就是授权两个字的由来。中层管理者授予员工的权力,应该刚好能够使员工完成指派的工作。倘若

超过限度，很可能导致员工滥用权力；反之，可能导致员工难以完成工作任务。

3. 责任创造

中层管理者即使授权给员工后，也要对其所执行的工作承担完全责任。也就是说，当员工无法完成该任务时，中层管理者将要承担其后果，而不是将责任全推卸给员工。不过，也要事先让员工知道如果没有完成任务，自己会受到什么样的惩罚。如此，才能保证员工能尽自己最大的努力去完成工作。

8.1.2 掌握授权四原则

中层管理者如要有效授权，实现授权的目的，就要掌握以下四个原则（见图 8-2）。

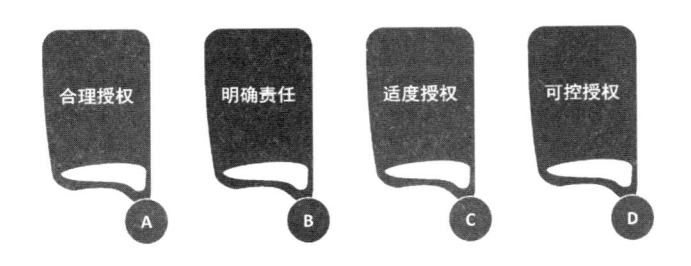

图 8-2 授权四原则

1. 合理授权

这是指中层管理者授权的动机、程序、途径都必须是正当合理的。从动机、目的的角度去看是出于工作的需要，是公司或组织战略的发展，而不是出于自己的主观随意性，更不是任人唯亲。

2. 明确责任

从权、责的内容去看，授权有两种形式：授权授责与授权留责。前者是指授权的同时，还要授责，权责一致；后者是指授权不授责，如果被授权者处理不当，发生的决策责任仍由授权者承担。在大多数情况下，中层管理者要采用前者。如此，员工才能更有责任心。

3. 适度授权

所谓适度授权，就是指中层管理者授予员工的决策权力应与被授权者的能力、所要完成的工作任务相适应。授权不能过宽或过窄，要坚持因人授权、因事授权。过度授权，则员工无法完成工作；过窄授权，则可能无法激起员工的工作积极性，员工若是在工作的过程中时时汇报，反而增加中层管理者的工作量，达不到授权的目的。

4. 可控授权

授权只是将手中的权力授予员工行使，中层管理者并不会因此而丧失领导地位。但是，中层管理者在授权时，就需要遵循可控授权的原则，要确保授出去的权力被恰当使用。同时也要注意，可控授权的目的是及时发现和纠正员工行使权力时偏离目标的现象，而不是干预员工的日常行动。

8.1.3 掌握授权五细节

中层管理者在授权的过程中，有一些细节必须注意。如果能把握好这些细节，必然能得到良好的授权效果。其授权细节包括以下五个方面（见图 8-3）。

| 调整好心态 A | 创造授权的气氛 B | 了解员工能力 C |

| 告知支持措施 D | 定时追踪 E |

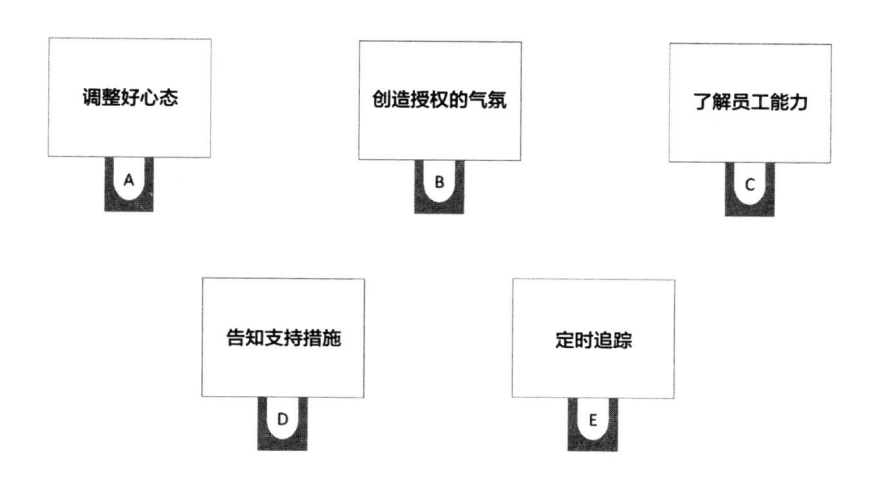

图 8-3 授权五细节

1. 调整好心态

许多中层管理者，特别是新任的中层管理者，对授权太过于谨慎。这主要是因为对个人权威缺乏安全感，认为一旦授权给员工，自己的领导地位就会受威胁。所以，一定要调整好自己的心态。

2. 创造授权的气氛

中层管理者要在自己管理的组织内创造一种鼓励创新、承担责任的气氛。这种气氛可以成为有效授权的深厚土壤，它产生出的授权推动力是持久而深远的。

3. 了解员工能力

授权之前，中层管理者要了解员工的能力，让授出的权力与其能力相匹配。如此，才能让授权发挥出应有的效果。

4. 告知支持措施

在授权时，要告知员工当遇到问题时可以向谁求助，并提供他们所需要的资源。如此，员工才能充分发挥自己的能力，运用手中的资源，去更好地完成任务。

5. 定时追踪

授权给员工后，中层管理者还负有监督的责任。要定时追踪员工完成任务的情况，检查其是否有滥用权力的情况。

8.2 差异授权：按个人特点授权

权力授给谁，这是管理者在授权时首先就要考虑的问题。怎样选择正确的对象授权呢？这个被授权的员工是否真的有能力承担起这项工作呢？这就需要中层管理者对员工有充分的了解，看员工的能力素质是否与该项工作相匹配。

8.2.1 考查能力，因才授权

每个人的能力是不同的，擅长的技能也不同。授权的关键是被授权者的能力必须与责任、权力相匹配，只有对方的能力能承担起一定的责任和权力，才能够授权。因此，中层管理者在授权之前，需要先考查员工的能力，做到因才授权。

1. 了解员工的能力

中层管理者必须对员工有充分的了解。因此，在授权之前，中层管理者需在日常的工作中多观察和了解员工，可以问问自己是否找到了以下四个问题的正确答案（见图8-4），并做出适当的安排。

图8-4 中层管理者需回答的四个问题

2. 视能授权

当中层管理者通过一系列的绩效评估、素质测评、观察访谈等方法对员工的能力有充分的了解后，就可根据不同类型，对不同能力的员工进行授权。

类型一：新人。这类员工多数缺乏经验，因此，可授予其最基本的事务性工作，让他们尽快熟悉工作流程和掌握工作技能。

类型二：有经验、专业技能不够的员工。这类员工有一定的工作经验，具备相关的知识面，但专业技能不够。可授予其一些富有挑战性的工作，并给予技术指导，使其能迅速提高专业技术水平。

类型三：具备经验与技能的员工。这类员工已经有了相当的经验与专业技能，无须中层管理者再多加培养。因此，可以授予其重要任务的谈判、公司重要客户的拜访、公司重要决策的参与制定等工作。

类型四：核心员工。这类员工已经是公司的一线骨干，中层管理者只需要把任务交给他，让其自由发挥即可。

8.2.2 根据工作内容选择授权对象

每个员工擅长的技能不一样，每次的工作任务也都不尽相同。因此，中层管理者在选择集体任务的领导者时，应该根据具体的任务内容来授权。比如公司网页的建设工作，就可以选择擅长网页设计的员工担任此次任务的领导者；如果是营销活动的工作任务，就要选择擅长营销策划组织的员工担任此次任务的领导者。

8.2.3 针对员工长处授权

管理学大师德鲁克说过："一个聪明的中层管理者在用人时不会先看他的缺点，而是看他完成特定任务的能力。"每个人都有优点和缺点，所以，中层管理者在选择任务领导者时，要多看其优点，少看其缺点，不要追求十全十美。并根据其擅长的部分，给予最大的支持，让员工能用其所长，把工作做到最好。

松下集团的松下幸之助就是个用人高手，他认为野村不但人品豁达大度，而且经营能力非常突出。因此，他根据野村的长处，为其配备了最优秀的业务人才，让他们把具体工作承担下来，让野村有时间与精力去发挥他组织、调度、控制全局的长处。结果如松下所料，胜利唱片在野村的经营下效益迅速提升。

中层管理者也要如松下幸之助一样，懂得识别员工的长处，并帮助他把长处发挥出来。

8.3 80% 授权法：不给全部的权力

《韩非子》记载了一个故事：鲁国有一个名叫阳虎的人，这个人在治国方面很有一套，算得上是一个有才能的政治家。但是，他并不受鲁王的赏识，还激怒了鲁王，被驱逐出境。后来他逃到赵国，赵王非常赏识他的才能，请他为相。赵王身边的大臣都劝谏赵王，阳虎虽然政治才能出众，但是有窃国之嫌，不能委以重任。赵王并没有为此担忧，因为赵王保留了兵权，还派人暗中监督阳虎的言行。

中层管理者在授权给员工的问题上，也要像赵王一样，在授权的同时懂得控权。那么，具体该如何做呢？可以运用 80% 授权法。80% 授权法是指在中层管理者负责的工作中，有 80% 的权力可以下放给员工，如日常事务、具体业务、专业技术工作、客户接待等工作可以交给员工；剩下 20% 的权力则要把控在自己手中，如最终决策权、人事权、监督权。那么，中层管理者在运用 80% 授权法时，需要注意哪些问题呢？

8.3.1 核心权力不要轻易授予

中层管理者的核心权力包括三个：上级授予中层管理者的决策权、人事权、监督权。

1. 决策权

澳大利亚墨尔本曾有一家名叫"ANL"的网站公司，公司连续好多年经营不善，面临倒闭。最大的原因是网站有太多漏洞，使用者感觉非常不方便。老板巡查技术部门后发现，技术部门主管向来都是让员工自行解决问题，把决策权也交给了员工。因此，技术部门内部的意见层出不穷，谁也说服不了谁，导致问题得不到解决，久而久之，技术部的问题越来越多，直接影响了公司的发展。

中层管理者拥有公司赋予的最终决策权。这个权力是万万不能给员工的，特别是员工发生意见分歧时，中层管理者需要权衡利弊，做出正确的判断，不能任由员工自己做决定。员工在信息的了解程度、资源的掌握、全局观念等方面与中层管理者存在一定的差距，因此，员工做出的决定带有一定局限性，可能会阻碍工作的顺利开展，甚至影响最终结果。

2. 人事权

20世纪六七十年代，美国伯明翰有一家铁路公司经营没多久就关门了。倒闭的原因在于公司老板的小舅子。原来，公司成立之初需要大批人才，老板就把面试的工作交给了他的小舅子，可是，小舅子把自己的酒肉朋友都招揽来了，这群人没有专业技术，整日无所事事。公司刚刚起步，就被这群人搞垮了。

中层管理者对公司的人事负有一定的责任，对员工的任免、升降职一定要亲自把关。关乎人事的权力是不能交给员工的，员工的决定很可能带有情绪，他会依照自身好恶来做安排，不利于公司内部的团结，更不利于公司的发展。

3. 监督权

中层管理者虽然可以在一定范围内授予员工制订具体工作方案的权力，但是，中层管理者依然要对结果负责。监督权是中层管理者的重要权力之一，如果把监督权授予员工，一定程度上意味着省略了监督，是极为不可取的做法。

8.3.2 分内事情不可随意授权

中层管理者在给员工某些权力时，要注意有一些事是不能授权的，这些事应该是中层管理者的"分内之事"。中层管理者的分内之事包括以下五个方面（见图8-5）

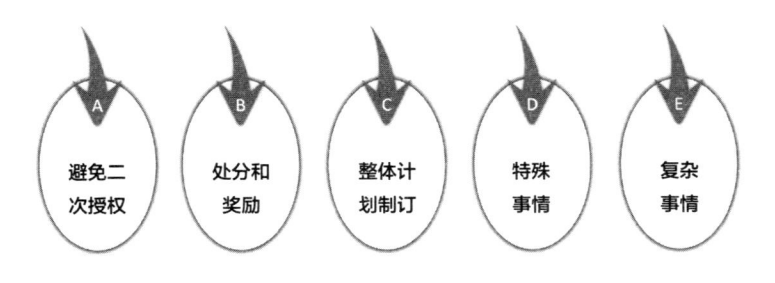

- A 避免二次授权
- B 处分和奖励
- C 整体计划制订
- D 特殊事情
- E 复杂事情

图8-5 中层管理者的五大分内之事

1. 避免二次授权

中层管理者不应将授权过程假手他人，任何工作都应由中层管理者直接授权给员工，而不是通过员工形成二次授权。

2. 处分和奖励

无论员工是犯了错误需要批评处分，还是一丝不苟积极工作需要表扬和奖励，中层管理者都必须亲自上阵。当员工犯了错误，需要受到处分时，中层管理者一定要充分了解实情后做出合理的处理。当员工积极工作，需要表扬和奖励的时候，中层管理者要亲自表达对员工的赞扬，这样有利于激发员工的工作积极性。

3. 整体计划制订

中层管理者要让部门的整体目标和计划与公司的整体目标和计划一致。员工对公司整体目标的把握没有中层管理者把握得准确，对上层管理者的思路了解得也不及中层管理者，所以，整体计划制订这项工作，中层管理者必须自己做。

4. 特殊事情

上级授权的特殊任务也不能二次授权，上级授权的特殊任务具有其特定的性质，比如上级让你亲自去完成一件事，如果你将这件事授权给员工，员工可能因为不了解其特殊性或不具备该项能力而使任务无法完成。

5. 复杂事情

如果某一项工作很复杂，中层管理者一定要亲自了解其重要性，找准解决方案。待对事情有一定的了解后，方能考虑授权。

8.4 阿米巴：人人都是经营者

华为总裁任正非曾说："管理层不了解前线，但拥有太多的权力和资源，为了控制运营的风险，自然而然地设置了许多流程控制点，而且不愿意授权。"好的方案人人都有可能想到，但是，能够有权力实行的人却是少数。把好的方案变成行动，关键在于提出方案的人是否具有决策权。那么，如何才能使一线员工拥有决策权呢？中层管理者可以运用阿米巴经营模式。

阿米巴经营模式是京瓷公司创始人稻盛和夫先生推出的一种管理模式：将组织分成小的集体，让其独立核算，与市场形成直接联系，培养具有管理意识的领导，让全体员工参与公司经营。这是一种"赋权管理"模式，通俗地讲，就是"充分授权"。

8.4.1 信任是授权的前提

信任是对员工最大的激励，同时也是公司发展最大的成本。美国学者查尔斯·M.萨维奇在《第五代管理》一书中写道：怀疑和不信任是公司真正的成本之源。

1926年，松下公司要在日本金泽开设办事处，负责此事的主管把这项任务交给了部门里的一个年轻人，他对年轻人说："我已经准备好了资金，我希望你去找合适的地方，你去租房子，一切都由你来安排。"年轻人听后惊讶不已，认为自己太年轻完全无法胜任。主管拍了拍年轻人的肩膀，说："没关系，我相信你一定可以的。"后来，这个年轻人不辱使命，出色地完成了任务，为松下公司带来了意想不到的利润。公司总裁松下先生在此后的年终总结会议上都会讲这件事，并感慨道："信赖是培养员工的重要条件。"

高明的授权就是下放权力给员工的同时，还会让他们产生被重视、被信任的感觉。同时，管理者也必须信任授权对象，正所谓"疑人不用，用人不疑"。

授权给员工的时候，可以从语言、动作等方面让员工产生信任感，在工作过程中要为员工提供资源，帮助员工成长。

8.4.2 对等是授权的关键

充分授权，并不意味着随意授权。在授权前，管理者应该对员工有充分的了解，有选择地授权。基于员工能力的不同、利益的权衡、结果的预判等方面的考虑，对不同的员工、不同的任务、不同的权力都要奉行"对等"原则。

比如，某项任务的难度特别大，那就要授权给能力比较出众的员工，根据其难易程度，必要时可以选择不授权；或是把一项复杂的任务分成几个部分，根据员工不同的特长实行"按需"分配；抑或是分配给员工其力所能及的任务。

8.4.3 激励是授权的目的

回归京瓷公司的"阿米巴"模式，稻盛和夫先生的经营理论和方式至今仍被很多公司效仿。"阿米巴"模式让京瓷公司历经四次金融危机而屹立不倒，这家公司的工作人员无论是个人素质，还是整体实力，在日本都可以说是数一数二。

提高员工的工作能力，激发员工的工作热情，调动内部气氛，在减轻管理者负担的同时，让公司从下到上都活跃起来。这就是充分授权为公司带来的益处，也是充分授权的目的所在。

管理者因此要明白一点，充分授权于员工，并不意味着失去了控制权。不要吝啬你手中的权力，让员工自我修炼成为工作上的巨人，才是管理者真正骄傲的事情。

8.5 别养"猴子"，逆向授权让上司变员工

管理学中把员工在工作中遇到的问题形象地比喻成"猴子"，这只"猴子"常常借助"逆向授权"之手，从员工的肩膀跳到中层管理者的肩膀上。那么，这只"猴子"又是如何缠住中层管理者的呢（见图8-6）？

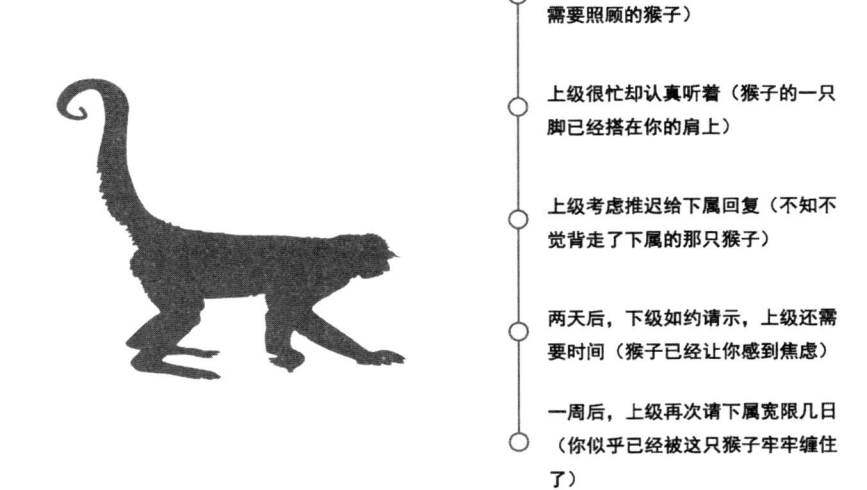

○ 下属向上级请示问题（下属有一只需要照顾的猴子）

○ 上级很忙却认真听着（猴子的一只脚已经搭在你的肩上）

○ 上级考虑推迟给下属回复（不知不觉背走了下属的那只猴子）

○ 两天后，下级如约请示，上级还需要时间（猴子已经让你感到焦虑）

○ 一周后，上级再次请下属宽限几日（你似乎已经被这只猴子牢牢缠住了）

图 8-6　缠住中层管理者的"猴子"

通过图片，我们不难看出，中层管理者在不知不觉中成为问题的解决者。那么，为什么会有这种逆向授权的情况发生呢？

中层管理者看似授权给下级，但实际情况是，下级遇到问题时，往往选择逃避，不愿意主动去解决，事事请示上级。上级虽然有更重要的事，但是又不愿让员工失望，同时也不想失去在员工面前的权威性，于是，就让员工把"猴子"抛到了自己身上。中层管理者自以为亲自出马是体贴员工、掌握大权的表现，其实反而导致了身份的变位，员工成了中层管理者，中层管理者成了员工。

8.5.1 不要"惹猴上身"

假设有一天，你正在办公室里做着季度计划，你的员工敲门进来，他看起来很焦虑。他来向你请教一个工作上的问题，虽然你正有事在处理，但是，你觉得身为上司，员工有困难的时候应该挺身而出。此时，员工的这只"猴子"

已经悄悄地试图把脚向你的肩膀伸过去。

接下来,你的员工把问题详细地描述了一遍,希望你可以给他一个明确的解决方案。你停下了手中的工作,开始认真思考起这个问题。这个时候,这只"猴子"已经把脚搭在你的肩膀上。

你一时还想不出好的方法,就让员工暂且放下这项难以解决的工作,告诉员工等自己想到了解决方案再通知他。员工离开后,你开始把这个问题当成了工作的主要内容,这时,这只"猴子"已经跳到了你的背上。

第二天,又有不同的员工来向你请教工作难题,你立马放下手中的工作,以同样的热情接纳了员工的"猴子"。

第三天、第四天,问题堆积得越来越多,而你却突然发现,本该交给员工完成的工作又回到自己手中。

那么,中层管理者如何避免"惹猴上身",防止"逆向授权"的情况发生呢?可以按照以下两个方式去做。

第一,明确责任。很多时候,员工是为了逃避风险、不愿意承担责任,才把"猴子"扔给中层管理者的,这时,中层管理者就要建立健全责任制度,把"猴子"锁定在员工身上。

海尔公司材料库的管理方法就非常值得借鉴,材料库中层管理者为所有的玻璃贴上两个编码,第一个编码代表擦玻璃的人,另一个编码代表检查玻璃的人。这样一来,玻璃不干净或者损坏,责任在谁,一目了然。

第二,拒绝"喂养"员工的"猴子",并把它扔回去。当员工把"猴子"扔给你的时候,你没有必要也没有责任"喂养"这只"猴子",你完全可以把"猴子"重新扔还给员工,并告诉他这只"猴子"需要他自己"喂养"。

8.5.2 鼓励员工别惧怕"猴子"死亡

中层管理者有时只需要变换一种方式,结果就会大相径庭。

还是那个假设,你坐在办公室里做着季度计划,这时你的一个员工敲门进来,他一脸焦虑,似乎在工作中遇到了不小的麻烦。

你停下了手中的工作,听他详细地把问题描述了一遍后,对他说:"你先自己想一些办法,尝试着看看能不能解决。"

但员工却迟迟不肯行动,并说:"正是因为我没有好的解决方案,才来找您的,万一我搞砸了怎么办?"

你又对员工说:"你自己先想办法,想好后,你只管放心去做就是。要是有什么严重后果,不用怕,我来替你承担。"

员工有了你这句承诺,便放开手脚大胆发挥,迅速地把遇到的问题解决了。

从这个情景中,我们可以发现,员工把"猴子"扔给中层管理者,很多情况下是惧怕自己"喂养"不好,致使这只"猴子"死亡,从而带来严重的后果;或者是"养猴子"的员工没有足够的权限,无法把"猴子"喂养好。因此,中层管理者需要赋予员工更多的权力,消除员工的惧怕心理。如此,就能避免因员工"惧怕喂死猴子"而出现"逆向授权"的情况。

中层管理者具体可以从以下两个方面来做(见图 8-7)。

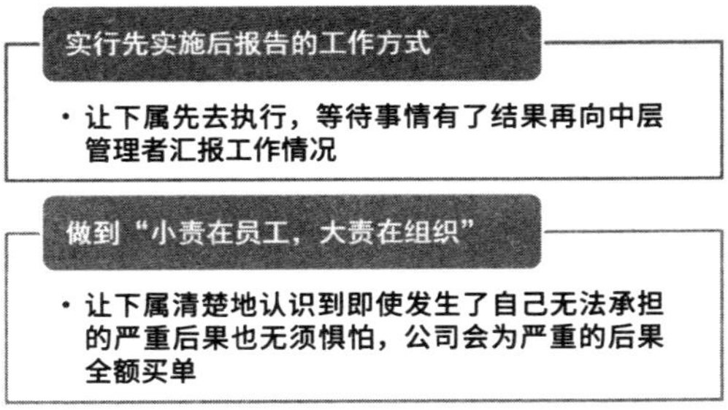

```
┌─────────────────────────────────┐
│ 实行先实施后报告的工作方式       │
├─────────────────────────────────┤
│ · 让下属先去执行,等待事情有了结果再向中层  │
│   管理者汇报工作情况             │
└─────────────────────────────────┘

┌─────────────────────────────────┐
│ 做到"小责在员工,大责在组织"    │
├─────────────────────────────────┤
│ · 让下属清楚地认识到即使发生了自己无法承担  │
│   的严重后果也无须惧怕,公司会为严重的后果  │
│   全额买单                       │
└─────────────────────────────────┘
```

图 8-7 消除员工惧怕"养死猴子"的两种方法

8.5.3 杀死没用的"猴子"

再次回到那个假设。你正在办公室里认真工作,突然,你的员工敲门进来,他一脸焦虑,看上去像是遇到了麻烦。

你停下手中的工作,听他详细地描述刚刚在工作中遇到的问题,他滔滔不绝地说了一大堆。你仔细推敲后发现,站在公司经营的角度上考虑,有很多问题都是无关紧要的。

于是,你说:"好的,这些事我先考虑考虑,等有答案我再通知你。"随后,你的员工走出了你的办公室,当他关上门的那一刻,你立即开始了自己的工作,对员工刚刚描述的问题,你选择了忽视。

连续几天过去以后,你把那名员工叫到自己面前,并对他说:"你看,这些问题根本不用去管,它也不会造成什么严重的后果。"你的员工回想了一下,发现果然是这样。

中层管理者要明白一点,员工提出的问题,并不是全部都需要解决。中层管理者需要通过事情的轻重缓急、问题的严重程度、结果的影响大小等因素,来判断一项工作是否值得自己去亲自解决。

8.6 监督控制要到位,避免授权滥用

授权在"解放"自己、锻炼员工的同时,实际上也存在着一定的风险。授权后,中层管理者就无法亲自操控,而这就意味着其获得的信息量将减少,甚至权力被员工滥用。所以,授权在一定程度上意味着放弃对局面的控制。这就是授权的风险所在。因而,如何避免风险成了有效授权的关键所在。要成功避免授权风险,就要建立完善的监督机制。

8.6.1 在关键控制点上做文章

纳迪新近被任命为家乐福中国某市营销部门主管,手底下有二十几个员工。他是个在工作上非常尽职的人,非常希望能把新工作做好。

一天,纳迪让负责调研的杨云了解和研究一下该市所有大型超市的情况,并整理成资料。纳迪要求杨云10天内完成这项工作。

纳迪虽然知道杨云的工作能力很强,可以很好地完成这个工作,但是,作为主管,为了保证工作的质量,及时的监督与检查是必需的。于是,第二天,

他就把杨云叫到办公室询问工作情况，杨云回答说："已经有了具体的工作思路与方法了。"纳迪点头说好。第四天，纳迪又把杨云叫到办公室询问工作进度，杨云又回答了相关的情况。纳迪表示满意后，又让他回去了。第六天，纳迪又把杨云叫到办公室询问工作进度。杨云回答："我非常有信心能在规定时间内完成任务。"

杨云非常纳闷："主管把工作交给我，就表示信任我，但为什么又要时时追问进展情况呢？难道是不信任我，还是工作真的非常急？"杨云越想越觉得这位新主管不信任自己。授权后，监督员工的工作并没有错，但为什么杨云会认为主管不信任自己呢？原因很简单，就是纳迪的监督管理太细了！

一般来说，授权的监督与控制应该超脱具体的工作，在关键控制点上做文章。监督的关键控制点主要包括以下四个方面（见图8-8）。

图8-8 监督的四个关键控制点

1. 总体与阶段性目标

中层管理者在授权时都会设置总体及阶段性目标，因此，只要按照目标和要求来监督员工，并将此目标作为衡量授权对象工作绩效的依据即可。

2. 工作进度与质量

中层管理者只需要了解和督促工作进展、工作质量，确保进度与进度外其他目标的实现即可。

3. 重要环节与因素

重要的环节与因素主要包括设计、合约、质量、营销、资金、人力资源等方面，同时要注意这些是否会影响进度以及最终结果。如果会，那么就参与把控，并提供专业指导。如果不会，就可完全授权给员工，自己只要掌握大致方向即可。

4. 权力使用情况

中层管理者授权给员工，最担心的就是员工滥用权力。所以，对员工的权力使用情况进行监督是必不可少的。比如，对员工在业务、人事以及财务方面的用权情况进行监督，避免其在授权范围内出现决策失误、行为失范。

8.6.2 节点控制：事前、事中、事后

中层管理者在授权后不可能时时进行监督控制，如此做就无法达到授权的目的，但是，如果不这样做，又担心工作超出了自己的控制范围。其实，要达到两者平衡很简单，只需在事前、事中、事后这三个节点进行控制即可。

1. 事前控制

事前控制，也就是在授权之前，中层管理者就要对所要授权的工作进行控制管理。其主要包括三个方面的内容（见图8-9）。

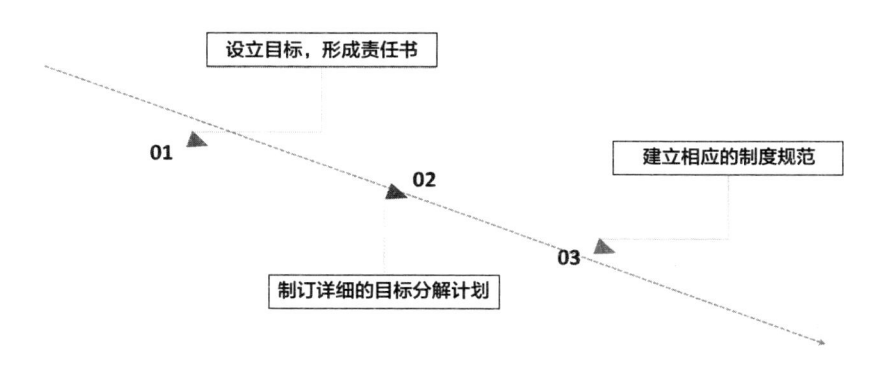

图8-9 事前控制的三个内容

- 01 设立目标，形成责任书
- 02 制订详细的目标分解计划
- 03 建立相应的制度规范

内容一：设立目标，形成责任书。中层管理者就授权的工作制定总体控制目标与阶段性目标，形成目标责任书，将目标责任书交给员工，并以此作为绩效考核的依据。

内容二：制订详细的目标分解计划。中层管理者在总体与阶段性目标的基础上，制订详细的工作计划，包括总体性计划及各年／月的分解计划。需注意的是，计划要与被授权对象一起制订，权责部门审议通过后才可执行。

内容三：建立相应的制度规范。中层管理者需建立相应的有关授权对象行为的管理制度、业务规范，为日后的授权监督与控制提供基础环境。

2. 事中控制

事中控制，就是指中层管理者把工作与权力交给员工后，对员工执行工作的过程进行控制。其内容主要包括四个方面（见图 8-10）。

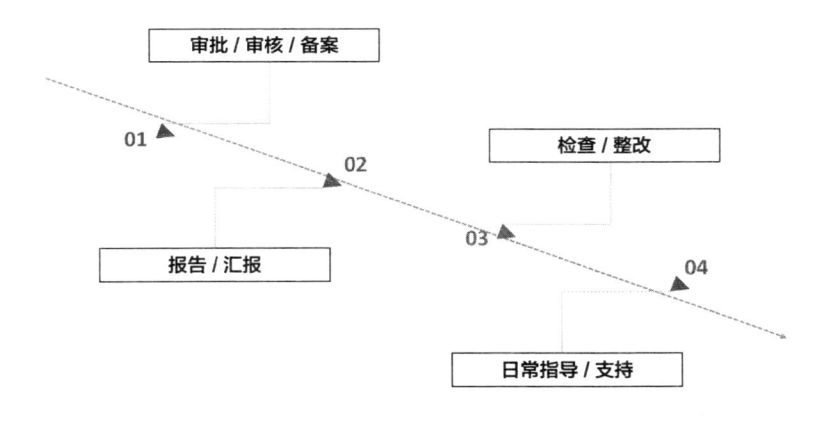

图 8-10 事中控制的四大内容

内容一：审批／审核／备案。对员工授权范围的工作事项，中层管理者需要按照相关的程序进行审批、审核、备案处理。经过该道程序，中层管理者就可有效掌握授权事项的大环节。不过要注意，要尽量减少完成程序的时间与步骤，避免对授权工作产生影响。

内容二：报告／汇报。中层管理者应要求员工定期或者不定期报告工作任务的进展情况，如例行报告、重大情况报告、异常情况报告。

内容三：检查/整改。中层管理者要深入掌握情况，就要对所授权的工作进行定期巡查或者检查。如此才能发现问题，并及时要求整改。需要注意的是，检查只需针对容易发生问题的关键环节，避免频繁检查。

内容四：日常指导/支持。中层管理者要对员工进行必要的指导与支持，除了可以帮助员工更好、更快地完成工作，这也是监督控制的手段之一。

3. 事后控制

事后控制，是指在授权工作完成之后，中层管理者需要对其进行检查、考核与评估。其主要包括两个方面的内容（见图 8-11）。

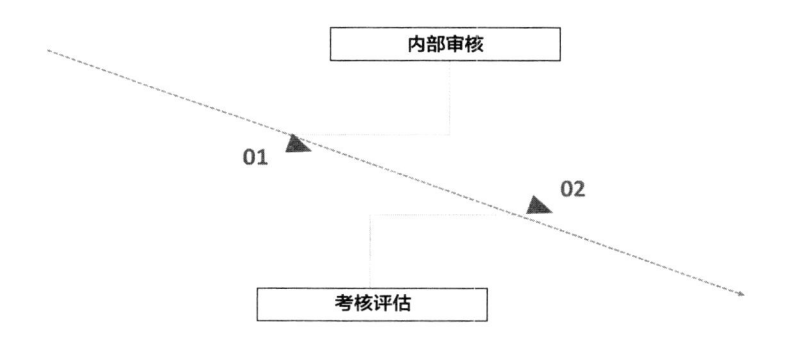

图 8-11 事后控制的两大内容

内容一：内部审核。借助内部审核的监督与预防作用，对被授权员工的行为进行规范。其涉及的内容包括定期的常规审核、年度目标责任审核。其审核结果与考核结果相联系。

内容二：考核评估。对被授权员工所完成的工作情况进行考核评估。其结果与薪资奖励挂钩，然后按目标责任书进行兑现。

第9章
考核辅导：别让不科学的打分制"杀死"员工

随着现代化公司的发展，越来越多的公司开始重视考核辅导的工作，都希望通过引入科学的考核辅导来提高组织的战斗力。但往往是"理想很丰满，现实很骨感"，很多公司的中层管理者都曾被考核工作带进死胡同。考核辅导的工作不仅没有起到帮助员工的作用，反而成为"杀死"优秀员工的凶器。因此，如何掌握正确的考核辅导方法成了中层管理者们急需解决的问题。

9.1 没有科学的考核就没有科学的管理

考核是不是中层管理者考核员工能力的灵丹妙药？为什么别人手里的蜜糖，到你这儿就成了砒霜？有不少中层管理者天天喊着："千斤重担有人挑，人人头上有指标！"口号喊起来简单，但是又有多少人做到呢？到了最后，就只剩下口号中的指标，而没有了科学的考核方法。

9.1.1 彼之蜜糖，我之砒霜的根源

想必有不少中层管理者遇到过以下这两种情景：

情景一：原来没有考核的时候，员工们相处得都非常不错，气氛非常和谐。但是，自从实行了考核制度，每个人都对工作挑三拣四，尤其排斥新员工，生怕自己的业绩会被新人抢走，导致新人根本无法融入新环境。

情景二：组织中的人员本来就不是很稳定，结果，新的考核方案一出，好几个能力突出的员工都辞职走了。组织上下军心涣散，员工对公司的信任产生了动摇。而公司经常对没完成任务的员工进行严厉惩罚，员工对公司越来越不满。

从以上两个案例中可以发现，造成组织不和谐、优秀员工辞职的根本原因就是不合理的考核。也许有人问，为什么不废掉考核呢？其实，考核本身没有错，错的是使用的人没有找到正确使用考核的方法（见图9-1）。

图 9-1 考核的五大问题

1. 认知问题

中层管理者为什么要做考核？是出于以下几个原因吗？原因一：建立任务标准，达不到标准就扣钱、问责。原因二：评价员工的工作量，以便增加员工工作项目。原因三：作为发奖金的考核依据。原则四：用来作为定岗、升职的标准。

如果中层管理者是把以上四个原因作为制定考核的根本原因，那么，你的考核方案推出后，肯定会出现案例中的情景。考核不只是利益分配的工具，也不只是监控员工工作的手段，更不是随意扣除员工收入的凭证。实行考核的根本原因有三（见图9-2）。

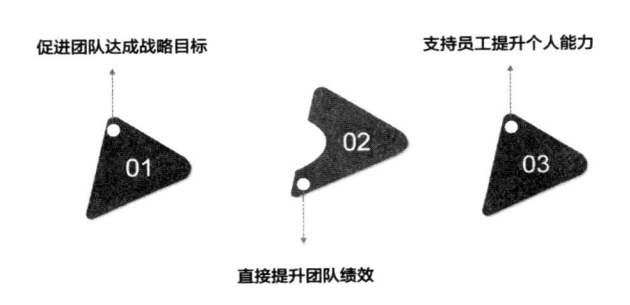

图9-2 实行考核的三大根本原因

2. 模式问题

考核的工具有很多种，传统工具有KPI、CPI、MBO、BSC、RAG、EVA等。有些中层管理者为了省事，直接实行评分或者打分制，并且以此取代考核。但是，这种方式只有短期效用，其单一的模式特点很难持续。如何从中找出合适的考核方式，才是实施有效绩效考核的关键点。

3. 计划问题

中层管理者设计考核方案时，一定要做好计划方面的工作，具体包括以下四个方面（见图9-3）。

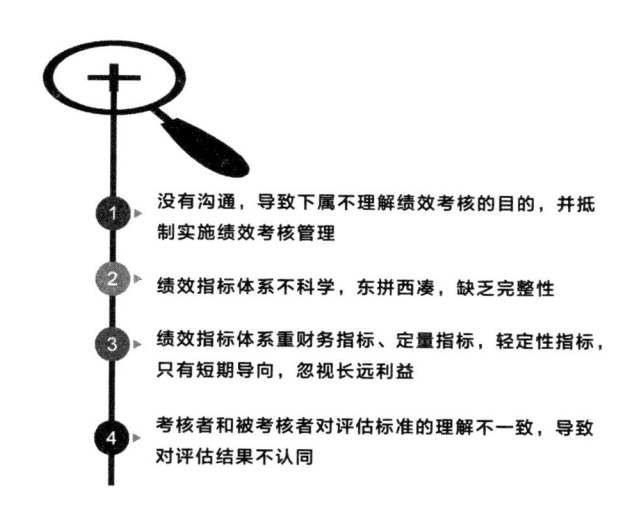

1. 没有沟通，导致下属不理解绩效考核的目的，并抵制实施绩效考核管理

2. 绩效指标体系不科学，东拼西凑，缺乏完整性

3. 绩效指标体系重财务指标、定量指标，轻定性指标，只有短期导向，忽视长远利益

4. 考核者和被考核者对评估标准的理解不一致，导致对评估结果不认同

图 9-3　考核的四大计划问题

4. 实施问题

中层管理者在考核方案实施的过程中，忽略了以下几个方面的问题，从而导致了负面影响。其具体内容包括：一是对员工工作结果不了解，导致评估缺乏依据；二是缺乏评估的基本技术与技巧；三是缺少对员工工作信息的收集；四是对员工工作信息评价不科学；五是没有制定考核方案改进措施。

5. 管理问题

中层管理者在考核方案实施后，缺乏有效的管理。其具体包括：一是缺乏明确的制度规范，因而导致后期操作产生了不公平情况；二是没有明确导向目标，出现单纯为考核而考核的现象；三是没有根据不同职位、任务特点对不同人员进行分类管理；四是缺乏科学简便的信息系统支持，导致管理成本过高。

9.1.2 有原则、有依据，才有效果

中层管理者如果想建立科学、有效的考核制度，那么，在制订考核方案时，就一定要遵守以下五个方面的原则（见图9-4）。

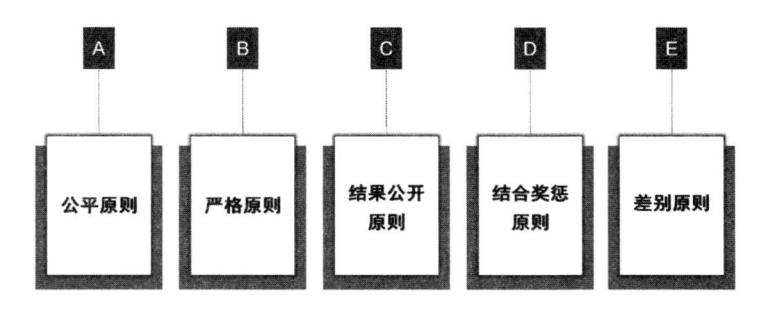

```
    A        B        C        D        E
  公平原则  严格原则  结果公开  结合奖惩  差别原则
                      原则      原则
```

图 9-4　制订考核方案的五大原则

1. 公平原则

公平性是实施考核制度的前提，如果考核方案无法做到公平性，就不可能发挥其应有的作用。

2. 严格原则

考核不严格，就会流于形式，形同虚设。考核不严，不仅无法全面地反映员工工作的真实情况，还会产生消极的后果。因此，中层管理者一定要严格实行考核方案。其考核的严格性包括：一是明确的考核标准；二是严肃认真的考核态度；三是严格的考核执行制度；四是严格的考核程序与方法。

3. 结果公开原则

考核的结果应对被考核者本人公开，这是保证考核的基本条件。如此，一方面可以让员工了解自己的优点和不足，从而让能力优秀的员工继续保持，让考核落后的员工心悦诚服；另一方面，还能防止考核中出现中层管理者主观及各种不定因素导致的误差问题，保证考核的公平性与合理性。

4. 结合奖惩原则

有考核，必然就要有奖惩，如此才能显出考核的作用来。中层管理者要根据考核的结果，对员工进行奖惩。需注意的是，这种奖惩除了要与精神激励相联系，还必须通过工资、奖金等方式与物质相联系。

5. 差别原则

考核的等级之间应该有明显的差别界限，针对不同的考评对象，在工资、晋升、使用等方面应该体现出明显的差异性，让考核带有刺激性，鼓励员工上进。

9.2 考核工具化：全方位、零死角、多层次

中层管理者如果希望考核既能科学、专业、合理，又能让自己轻松，就要懂得利用考核工具。考核工具有很多种，每一种考核工具都有自己的特点。中层管理者要从中选出适合自己团队的考核工具，并根据自身情况加以修改。如此，你的考核制度才能达到全方位、零死角、多层次。

9.2.1 MBO，关注结果，更关注过程

MBO，也就是目标管理法，MBO 是管理学大师彼得·德鲁克 1954 年在其名著《管理实践》中最先提出的。其是指由下级与上司相互沟通后决定具体的绩效目标，通过定期检查来跟进目标进展情况的一种管理方式，其奖惩是根据目标完成的情况来决定的。目标管理法是结果导向型的考评方式，其考评是建立在实际产出的基础上，考评的重点是员工的工作成效以及劳动结果。凭借目标管理法获得成功的公司有很多，如通用汽车、IBM、康佳都是其中典型的代表。

1.MBO 的优缺点

目标管理法的优点，主要包括以下四个方面（见图 9-5）。

图 9-5 目标管理法的四大优点

- 评价标准直接反映员工的工作内容，结果易于观测，评价失误率低
- 其过程是下属共同参与的过程，可有效提高下属工作积极性，增强责任心与事业心
- 适合对下属提供建议，进行反馈与辅导
- 有助于改进组织结构的职责分工

目标管理法的缺点，主要包括以下四个方面（见图 9-6）。

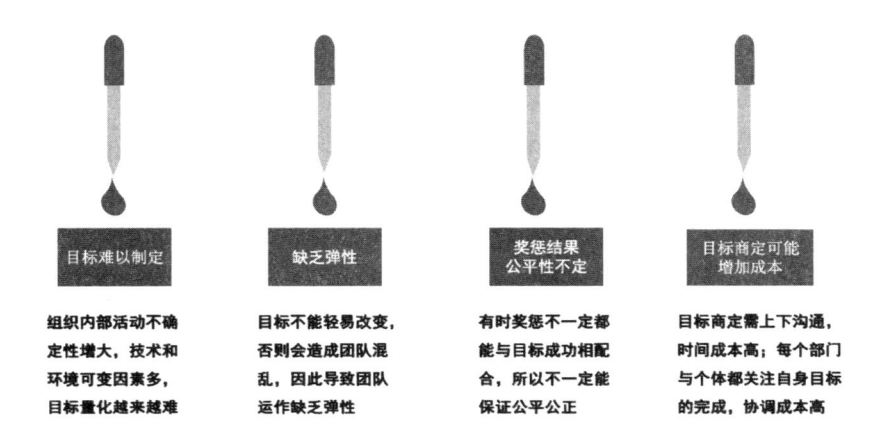

目标难以制定	缺乏弹性	奖惩结果公平性不定	目标商定可能增加成本
组织内部活动不确定性增大，技术和环境可变因素多，目标量化越来越难	目标不能轻易改变，否则会造成团队混乱，因此导致团队运作缺乏弹性	有时奖惩不一定都能与目标成功相配合，所以不一定能保证公平公正	目标商定需上下沟通，时间成本高；每个部门与个体都关注自身目标的完成，协调成本高

图 9-6　目标管理法的四大缺点

2.MBO 的典型步骤

中层管理者在实施目标管理法时，可以按照以下五个步骤进行（见图 9-7）。

第一步：建立一套完整的目标体系
第二步：制定目标
第三步：运用SMART原则
第四步：确定实施范围
第五步：对绩效进行评估并反馈

图 9-7　目标管理法实施的五大步骤

第一步：建立一套完整的目标体系。实施目标管理，中层管理者首先要建立一套完整的目标体系，并将目标任务向下细分转化，形成一种连锁式的目标体系。如此，上下级的目标之间才可以形成一种"目的—手段"的目标关系网络。

第二步：制定目标。制定目标时，中层管理者要邀请所有组织成员参与，与其沟通后，才能确定每一个成员的具体目标。

第三步：运用 SMART 原则。在制定目标时，中层管理者要通过 SMART 原则对各目标指标进行量化处理，保证目标的可衡量性。

第四步：确定实施范围。目标制定完成后，需确定完成目标的时间范围。之后，中层管理者就要把权力交给员工，让其自由发挥，自己只负责监督指导即可。

第五步：对绩效进行评估并反馈。对各级目标的完成情况，中层管理者需定期进行检查、评价，同时还要听取员工的意见，使目标管理能够进入下一轮的循环过程。对于评定的结果，需给予相应的奖惩，并将之反映到人事考核上，作为日后员工晋升的依据。

9.2.2 360 度考核法，评价维度多元化

360 度考核法，又称为全方位考核法，最早是由英特尔公司提出并运用的。其是指通过员工自己、上司、同事、顾客等不同主体的评价来进行考核。

美国通用公司旧金山分部的经理皮特在运用 360 度考核法上就是一把好手。他认为，目的不同，同一评价者对同一被评价者的评价就会不一样，因此，他在运用该方法时，会先确定自己的目的是服务于员工的发展，还是对员工进行行政管理，比如提升、工资确定或是绩效考核等。如果是前者，评价者的评价会更客观与公正，被评价者也更愿意接受评价结果；如果是后者，评价者则可能会考虑到个人利益得失，因而，评价的客观性就有待商榷，而被评价者也会怀疑评价结果的公平性。

所以，每次皮特在制定 360 度考核法之前，都会先把自己的目的确定下来，再展开 360 度考核工作。

1. 360 度考核法的优缺点

360 度考核法的优点，主要包括以下五个方面的内容（见图 9-8）。

- 打破了由上级考核下属的传统考核制度，可以避免居中趋势、偏紧或偏松、个人偏见和考核盲点等现象
- 避免一人主导局面，中层管理者可获得更为准确的信息
- 可以反映出不同考核者对于同一被考核者不同的看法
- 防止被考核者急功近利的行为
- 较为全面的反馈信息有助于被考核者多方面能力的提升

图 9-8　360 度考核法的五大优点

360 度考核法的缺点，主要包括以下三个方面的内容（见图 9-9）。

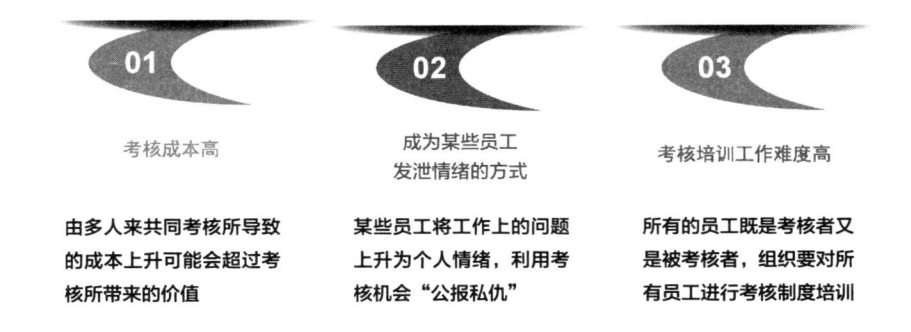

01 考核成本高
由多人来共同考核所导致的成本上升可能会超过考核所带来的价值

02 成为某些员工发泄情绪的方式
某些员工将工作上的问题上升为个人情绪，利用考核机会"公报私仇"

03 考核培训工作难度高
所有的员工既是考核者又是被考核者，组织要对所有员工进行考核制度培训

图 9-9　360 度考核法的三大缺点

2. 360 度考核法的实施

有效的 360 度考核法实施步骤应该包括以下四个方面（见图 9-10）。

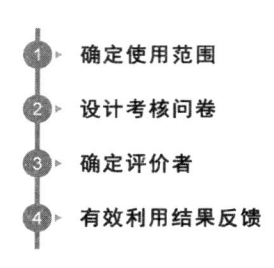

```
1 ▶ 确定使用范围
2 ▶ 设计考核问卷
3 ▶ 确定评价者
4 ▶ 有效利用结果反馈
```

图 9–10　360 度考核法的四个步骤

步骤一：确定使用范围。只有确定了范围，才能将有限的资源发挥出最大的作用。

步骤二：设计考核问卷。其包括三种形式：一是给评价者提供 5 分或 7 分的等级量表，由主评价者选择相应分值；二是评价者直接写评价意见；三是综合以上两种形式。

步骤三：确定评价者。确定参与评价的人，并确定类别与数量，一般采取匿名评价。如通用公司在实施 360 度考核法时，就将与被考核者有联系的人分成四组，每组至少 6 人。

步骤四：有效利用结果反馈。该考核方法是否能起到作用，取决于评价结果的反馈，主要包括两方面：一是评价的公正性、完整性、准确性；二是向被考核者提供反馈，帮助其提高能力以及业务水平。

9.2.3　KPI 考核法，关键绩效指标

KPI 考核法，是指把对绩效的评估简化为对几个关键指标的考核，并将关键指标当成评估员工绩效的标准，把员工的绩效与关键指标做出比较的评估方法。

按照管理主题来划分，KPI 考核法可以分为两大方面：一是激励型绩效管理，其重点是激发员工的工作积极性；二是管控型绩效管理，重点在于规范员工的工作行为。不管中层管理者采取哪一种 KPI 考核方式，其核心都应有利于提高组织的绩效，而不是过分计较指标得分。

1. KPI 考核法的优缺点

KPI 考核法的优点,主要包括以下三个方面(见图 9-11)。

目标明确,保证企业战略目标实现
中层管理者通过 KPI 指标的整合与控制,确保目标的正常发展,有力地保证了企业战略目标的实现

提出客户价值理念
KPI 提倡为企业内外部客户实现价值的思想,对企业形成以市场为导向的经营思想有着巨大的提升作用

利于团队与个人的利益达成一致
策略性的指标分解,使企业战略目标成了个人绩效目标,在实现个人绩效目标的同时,也实现了企业总体的战略目标

图 9-11 KPI 考核法的三大优点

KPI 考核法的缺点,主要包括以下三个方面(见图 9-12)。

使考核者误入机械的考核方式
过分依赖考核指标,没有考虑人为因素和弹性因素,导致考核争端和异议

并不是所有岗位都适用
团队内每个成员所处岗位不同,其考核的方式也不一定都相似

指标难界定
KPI 更多倾向于定量化的指标,如果没有专业化的工具和手段,很难界定

图 9-12 KPI 考核法的三大缺点

2. KPI 考核的标准

KPI 考核标准的制定可以参照以下三个方法进行(见图 9-13)。

图 9-13　KPI 考核标准制定三大方法

方法一：等级描述法。是指对员工的工作成果或者工作履行的情况进行分级，并对各级数据或事实进行具体、清晰的界定，据此对员工的实际工作完成情况进行评价的方法。该种方法适合经常或重复性的工作。具体操作中，可将之分为优秀、良好、及格、不及格等级别，需注意的是，要清楚、详细地描述定义本级别的状态。

方法二：关键事件法。是指针对工作中的关键事件，制定相应的扣分与加分的标准，以此对员工业绩进行评价的方法。此方法适合那些关键事件，能够充分反映员工工作表现或是业绩的情况。

如某制造公司的生产部门要实施质量管理体系，生产部经理需定期检查各生产小组的执行情况，并以此制定了质量体系执行检查的质标项。评分规定为 10 分，由外审部检查，每出现一次不符合项扣 1 分，外审不符合项扣 2 分，严重不符合项扣 3 分。当分数低于 5 分后，否决该生产小组当期绩效。在这里，无问题、一般不符合项、外审不符合项与严重不符合项形成了关键事件。

方法三：确定里程碑法。是根据工作任务的执行情况，以时间节点为基础制定相应的里程碑。该种方法在项目考核中运用得比较多。

比如某公司要实施一个"申报技术研发中心"项目，这是技术部 2018 年的重要任务。由于是年度任务，因此，技术部经理根据季度来考核该项工作。需要在事先确定每个季度的阶段性成效与项目状态，每个季度阶段都有相应的等级描述，以此来确定该项工作的阶段性绩效。

9.3 流程表单化：建立标准，完善制度

工作绩效考核，是中层管理者对员工实现按劳分配、实施奖惩的重要手段，也是促进员工增强责任心、提高工作质量、保证工作目标实现的有效措施。因此，各个公司、各个中层管理者使用的考核方案由简到繁，考核内容越来越细，考核标准越来越高，考核的周期从年、月、周到日，越来越具体。

考核工作越来越重要，内容程序越来越复杂，除了大中型公司设有专门的考核机构与部门之外，一般中小型公司都是由专职人员负责，甚至有很多中层管理者亲自负责绩效考核的工作。

由于中层管理者缺乏一定的专业性，且考核对象多、工作量大、程序烦琐、情况复杂，如何使考核简单化、制度化、标准化就成为各个中层管理者急于解决的问题。其实，这个问题很好解决——把考核工作表单化管理。

所谓表单化管理，就是把对各个岗位员工的绩效考核内容、工作质量标准与评价标准用简洁的考核表列出来，一岗一表，同岗同表，既一目了然，又易于操作。

9.3.1 考核表单化的优势

之所以强调中层管理者要将考核工作表单化，是因为表单化管理可以给其带来以下四个好处（见图9-14）。

A 考核内容简单化，易操作
B 考核更加公平公正
C 考核工作更具直观性
D 提高考核工作效率

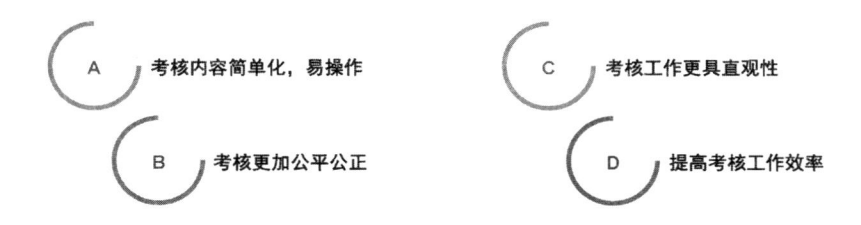

图9-14 表单化管理的四个好处

1. 考核内容简单化，易操作

公司员工的工作岗位有很多都是相同的，对其岗位绩效考核的内容、标准、工作质量都有共性与个性两个方面。如果使用文本式考核，每个员工都有一套文本，看起来繁杂，操作也困难。

2. 考核更加公平公正

对工作质量要求相同的岗位执行同一类考核表单，考核的项目与标准完全统一固定，中层管理者没有自由裁量权。因此，可以保证公开、客观的结果。

3. 考核工作更具直观性

实行表单化管理之后，可以把数量众多、规定详细而表述烦冗的工作程序、规章制度、质量要求、指标要求等用表格的形式排列出来，让被考核者一目了然。每个员工看到表单就知道自己必须做什么、做到什么程度、工作范围和重点是什么，不用一项一项去找，只需要按照表单的既定步骤去执行即可。

4. 提高考核工作效率

中层管理者对每个员工的考核都是定期进行的，如当季度对上一季度的考核、当月对上一月的考核、当周对上一周的考核。因此，对完成考核工作的时效性要求很高。而表单化可以有效减少中层管理者的工作，提高工作效率。

9.3.2 制定完善的绩效考核表

制定完善的绩效考核表，是中层管理者实行员工绩效考核表单化管理的第一步。其需要做到以下三点（见图9-15）。

个性化 01 → 数字化 02 → 具体化 03

图9-15 制定完善绩效表单的三点要求

9.3 流程表单化：建立标准，完善制度

工作绩效考核，是中层管理者对员工实现按劳分配、实施奖惩的重要手段，也是促进员工增强责任心、提高工作质量、保证工作目标实现的有效措施。因此，各个公司、各个中层管理者使用的考核方案由简到繁，考核内容越来越细，考核标准越来越高，考核的周期从年、月、周到日，越来越具体。

考核工作越来越重要，内容程序越来越复杂，除了大中型公司设有专门的考核机构与部门之外，一般中小型公司都是由专职人员负责，甚至有很多中层管理者亲自负责绩效考核的工作。

由于中层管理者缺乏一定的专业性，且考核对象多、工作量大、程序烦琐、情况复杂，如何使考核简单化、制度化、标准化就成为各个中层管理者急于解决的问题。其实，这个问题很好解决——把考核工作表单化管理。

所谓表单化管理，就是把对各个岗位员工的绩效考核内容、工作质量标准与评价标准用简洁的考核表列出来，一岗一表，同岗同表，既一目了然，又易于操作。

9.3.1 考核表单化的优势

之所以强调中层管理者要将考核工作表单化，是因为表单化管理可以给其带来以下四个好处（见图9-14）。

- A 考核内容简单化，易操作
- B 考核更加公平公正
- C 考核工作更具直观性
- D 提高考核工作效率

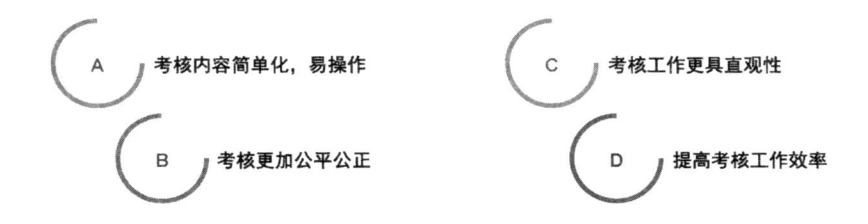

图 9-14　表单化管理的四个好处

1. 考核内容简单化，易操作

公司员工的工作岗位有很多都是相同的，对其岗位绩效考核的内容、标准、工作质量都有共性与个性两个方面。如果使用文本式考核，每个员工都有一套文本，看起来繁杂，操作也困难。

2. 考核更加公平公正

对工作质量要求相同的岗位执行同一类考核表单，考核的项目与标准完全统一固定，中层管理者没有自由裁量权。因此，可以保证公开、客观的结果。

3. 考核工作更具直观性

实行表单化管理之后，可以把数量众多、规定详细而表述烦冗的工作程序、规章制度、质量要求、指标要求等用表格的形式排列出来，让被考核者一目了然。每个员工看到表单就知道自己必须做什么、做到什么程度、工作范围和重点是什么，不用一项一项去找，只需要按照表单的既定步骤去执行即可。

4. 提高考核工作效率

中层管理者对每个员工的考核都是定期进行的，如当季度对上一季度的考核、当月对上一月的考核、当周对上一周的考核。因此，对完成考核工作的时效性要求很高。而表单化可以有效减少中层管理者的工作，提高工作效率。

9.3.2 制定完善的绩效考核表

制定完善的绩效考核表，是中层管理者实行员工绩效考核表单化管理的第一步。其需要做到以下三点（见图 9-15）。

图 9-15 制定完善绩效表单的三点要求

表 9-3 用质量量化绩效考核指标的方法

考核维度	考核指标量化
产品质量	产品合格率或优良率
生产报表统计	统计准确率
设备维护	设备完好率，维修合格率
技术支持	技术支持满意率
客户维护	投诉率，投诉处理满意率

如，某房地产公司北京某门店店长在对考核标准进行量化时，就是采取服务质量量化的形式（见表9-4）。

表 9-4 某房地产公司北京某门店销售员客户服务质量考核表

销售员客户服务质量考核表			
考核指标	权重	评分标准	得分
投诉处理及时率	10%	目标值为100%，每有一次不及时情况出现，减_____分	
投诉解决率	15%	目标值为_____%，每降低_____%，减_____分；投诉解决率低于_____%，该项为0分	
客户服务满意度评分	25%	目标值为_____分，每减少_____分，减_____分；客户服务满意度评分低于_____分，该项为0分	
客户保有率	20%	目标值为_____%，每降低_____%，减_____分；客户保有率低于_____%，该项为0分	
完成客户拜访次数	20%	目标值为_____次，每少于计划_____次，减_____分；低于_____次时，该项得分为0	
客户资料完备率	10%	每有不完整或错误信息，减_____分/处	

9.4.3 用成本量化

中层管理者还可以从成本的角度去量化考核标准，落实成本管理责任。该方法有助于加强组织的成本管理，增强组织成员的管理责任意识。用成本量化的考核指标包括成本节约率、费用控制率、投资回报率、折旧率等。

中层管理者在使用成本量化考核标准时，还可对其进一步细分，内容主要包括：采购成本，如采购成本额、采购成本节约率；生产成本，如单位生产成本、生产成本下降率；质量成本，如预防成本、鉴定成本、内外部损失成本；物流成本，如配送成本、运输成本、仓储成本；损失成本，如批量返工成本、产品报废成本、停产成本。

义乌某小工艺品制造公司的某车间主任对其车间的考核标准就是采用成本量化的方式（见表9-5），从表中可以看出，其成本量化的部分为损失成本。

表 9-5　损失成本量化考核表

序号	量化指标	权重	绩效目标	指标说明	得分
1	批量返工费用	40%	不高于___元		
2	产品报废金额	30%	不高于___元	产品报废造成的损失	
3	质量停产损失	30%	不高于___元	因质量问题停产所造成的相关损失	
改进计划：					
考核人（签字）： 考核日期：			审核人（签字）： 审核日期：		

1. 个性化

按照被考核绩效员工岗位的职责、工作程序、工作标准、计划以及完成数据及比例、项目考核得分、综合得分等特点设计表单内容，也就是岗位不同，考核表单内容不同。

2. 数字化

对各个岗位工作的程序、制度规定、标准的描述，能用数字的就用数字表示，不能用数字表示的，要用简洁的文字说明。

3. 具体化

中层管理者可通过制定表单的过程把工作制度、管理关键点、工作规范要求以及规章制度的标准具体化。

比如某公司销售部经理为考核工作制定的表单（见表9-1）。

表9-1 某公司销售部经理为考核工作制定的表单

姓名		职务（职称）		评价区间				
分类		评价内容	满分	1次	2次	调整	决定
工作态度	1	细心地完成任务	5				
	2	做事敏捷、效率高	5				
	3	具备商品知识，能应付顾客的需求	5				
	4	不懈怠，且正确地向上级报告	5				
基础能力	5	精通职务内容，具备处理事务的能力	5				
	6	掌握职务上的要点	5				
	7	严守报告、联络、协商的规则	5				
	8	在既定的时间内完成工作	5				

续表

			5				
业务熟练程度	9	能掌握工作的前提，并有效地进行	5				
	10	有价值概念，且能创造新的价值	5				
	11	善于与顾客沟通，且说服力强	5				
责任感	12	树立目标，并朝目标前进	5				
	13	有信念，并能坚持	5				
	14	有开拓新业务的信心	5				
	15	预测过失的可能性，并想出预防的对策	5				
协调感	16	做事冷静，绝不感情用事	5				
	17	与他人协调的同时，也朝自己的目标前进	5				
	18	服从与自己意见相左的决定	5				
自我启发	19	积极地革新、改革	5				
	20	热衷于吸收新信息或知识	5				
评价分数合计			100				

9.3.3 培养员工按照表单工作的习惯

中层管理者要按照表单的考核项目、内容、流程以及相关规章制度的要求，组织好对员工的培训工作，使他们对考核表单有充分的了解和掌握，消除应付考核的心理。尤其是当某个考核项目要求发生了变动，中层管理者要快速编制出新的绩效考核表单，并及时对员工进行培训。如此，员工才能全面掌握绩效考核表单的内容和标准要求，端正自己的工作态度，不断改进工作方法，提高工作效率，有效完成目标。

9.4 考核标准量化：公正、公平、有效力

管理学大师德鲁克说过："如果不能衡量，就无法管理。"绩效考核工作是中层管理者管理员工、衡量其工作情况的最常用手段，因此，更需要客观、公平、可衡量、易操作。所以，中层管理者在制订考核方案时，一定要将考核标准量化。

9.4.1 用数字量化

用数字量化考核标准是指用数据或者百分比指标来量化员工的工作业绩与工作技能。可以按照以下两种方法进行数字量化。

方式一：把考核标准从三个方面进行量化：一是数量或者数额，比如销售额、利润额、产量、产值；二是百分比，如计划完成率、达成率、差错率；三是频率，如次数、周转速度。

方式二：把考核标准从五个方面进行量化：一是工作量，如销售量、产量、计划完成率、次数；二是工作质量，如合格率、优良率、完好率、通过率、差错率、满意度；三是工作效率，如劳动生产率、及时率；四是业务管理，如达成率、完成率；五是员工管理，如投诉率、出勤率。

如某公司销售部在对考核标准进行量化时，就是采取数字量化的形式（见表9-2）。

表9-2 某公司销售组长季（月）度绩效评价表

评价要素及权重	工作目标计划	完成情况	主管评价	得分
1. 销售目标完成率　30%				
2. 空白市场进入目标完成率　15%				
3. 合同错误率　5%				

续表

4. 关键行为 项目管理（立项、策划、分析、监控、档案、总结） 10%				
5. 以技术引导为目的的客户拜访的数量和质量 5%				
6. 技术方案的质量 5%				
7. 例行工作报告的质量 5%				
8. 控制合同成交质量（价格、付款方式） 5%				
9. 客户满意度改进 5%				
10. 有效沟通与协作 5%				
11. 由上级主管确定的其他关键行为或用来调节上述关键行为权重的部分 10%				
工作目标计划沟通确认： 主管： 负责人：	工作评价： 总分： 评价结果： □A □B □C □D			

9.4.2 用质量量化

质量量化方法主要是衡量员工各项任务成果以及工作实施过程的精确性、优越性以及创造性。该量化方法的内容主要包括准确度、满意度、通过率、达成率、合格率、创新率等（见表9-3）。

9.5 考核落地：考核结果反馈面谈

结果反馈是考核工作过程中的一个重要环节，它主要通过考核者与被考核者之间的沟通，就被考核者在考核期间的表现进行面谈，在肯定其工作时，也找出其不足之处，并加以改进。结果反馈的目的是让员工了解自己是否达到了预定的工作目标、其行为态度是否合格，让双方对评估结果的意见达成一致，双方共同探讨问题出现的原因，并制订改进计划。

9.5.1 考核结果反馈的基本原则

中层管理者在对员工进行考核结果反馈时，需遵守以下三个原则，如此才能确保达到反馈的目的（见图9-16）。

经常性原则	二八原则	积极原则
定期反馈，成为常态	80%提问，20%指导	多给员工鼓励

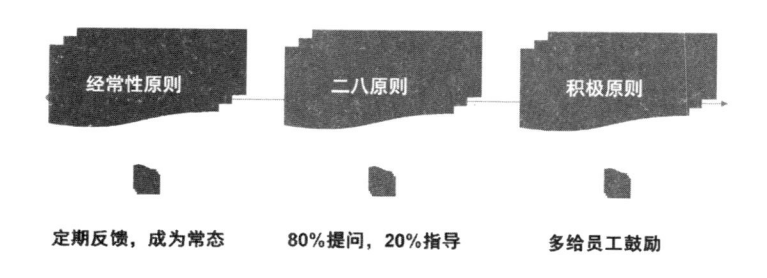

图9-16 考核结果反馈的三个原则

1. 经常性原则：定期反馈，成为常态

中层管理者需定期进行考核结果反馈，使之成为一种常态，如此才能达到以下的效果：一是减少损失。中层管理者一旦意识到员工在工作中存在问题，就有责任立即去纠正它。比如，员工的工作任务在1月份就不合格，如果等到7月份再去纠正它，其间就要承受6个月的损失。二是得到员工认同。考核结果反馈有效性的一个重要决定因素，就是员工对结果认同。所以，中层管理者应

经常向员工做出结果反馈。如此员工才能在考核评价正式结束之前获得结果，并获得改正的机会。

2. 二八原则：80% 提问，20% 指导

在结果反馈的过程中，中层管理者需要成为员工的"帮助者"和"伙伴"，而不仅仅是上司的角色。可以在结果反馈面谈的过程中实施二八原则，80% 的时间留给员工，20% 的时间留给自己。也就是说，中层管理者把面谈中 80% 的时间用来向员工提问，用 20% 的时间指导员工。面谈工作的重点是引导员工自己思考和解决问题，中层管理者只是起辅助作用。

3. 积极原则：多给员工鼓励

不管员工的工作考核结果是好是坏，一定要多给员工一些鼓励，要让员工感觉到："虽然此次考核结果不理想，但是我已经认识到错误，并获得改正的机会，下次就能够做得更好。"总而言之，就是要避免让员工在面谈后垂头丧气，从而消极对待之后的工作，而是有信心把下一个阶段的工作做得更好。

9.5.2 考核结果面谈的主要内容

有专业管理人士说过："考核工作的关键点就是把评估结果反馈给员工，并与员工一起建立关于未来的计划。"要达到这个目的，中层管理者在与员工关于考核结果的面谈中，要做好以下四个方面的工作（见图 9-17）。

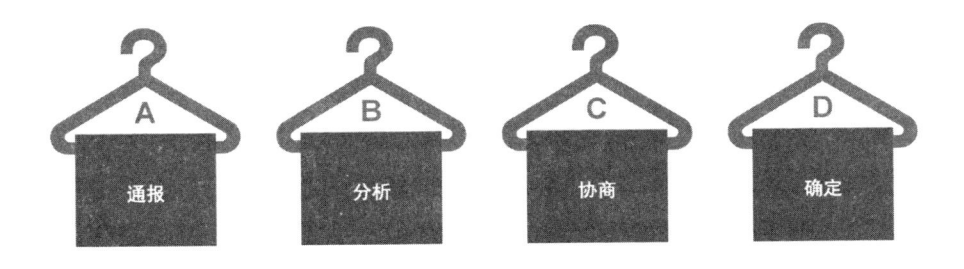

图 9-17 考核结果反馈面谈需做好的四个工作

A 通报　B 分析　C 协商　D 确定

1. 通报

通过对员工考核结果通报，让其了解自己的表现在整个组织中所处的位置、所起到的作用，激发其改进现在工作水平的意愿。需注意，在与员工就该项内容沟通时，要重点关注员工的长处，耐心倾听员工的意见，判断其意见的有效性后，对下一期的工作计划进行调整。

2. 分析

实行考核工作的目的，是通过提高员工的绩效水平来促进公司或组织整体绩效水平的提高。所以，中层管理者负有协助员工提高其绩效水平的职责。但改进措施的可操作性与指导性是建立在中层管理者对员工绩效差距分析的正确性的基础上，因此，中层管理者在分析员工的绩效差距时，需做好以下三个方面的工作（见图9-18）。

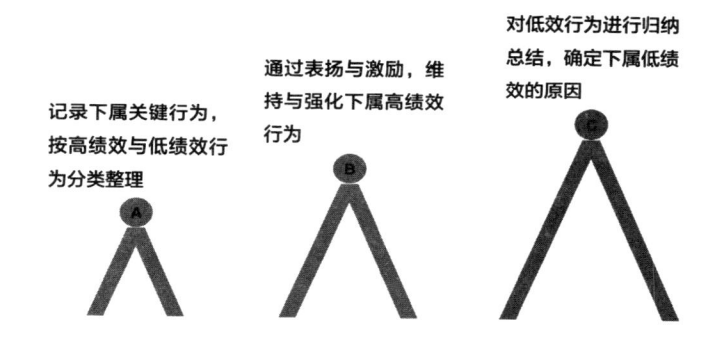

图9-18 分析员工绩效差距需做好的三个工作

3. 协商

中层管理者在与员工就考核结果进行面谈时，需与员工沟通协商下一个考核周期的工作任务与目标。考核结果反馈是上一个考核工作的结束，也是下一个考核工作的开始。因此，在面谈中，需要与员工共同制定下一阶段的工作内容与考核标准。在面谈中让员工参与制定，可保证工作指标的方向性不会出现偏差，也可让员工明确下期考核指标。

4. 确定

考核结果反馈面谈的最后一个重要内容，就是确定任务与目标相匹配的资源配置。考核结果反馈面谈工作并不仅仅是总结与开始，更为重要的是明确下一期任务能提供的资源配置。这项内容非常重要，因为对于员工来说，可以得到完成任务所需要的资源；对于中层管理者来说，可以积累资源消耗的历史数据，也是分析节约成本的有效途径。

9.5.3 考核结果反馈面谈的方法

中层管理者如何保证考核结果反馈的面谈能达到自己想要的结果？这需要掌握以下两个方面的技巧。

1. 正面反馈

关于正面反馈，就是给员工正面的、正确的建议与指导，其需要注意三点。

一是真诚。真诚是面谈的心理基础，要让员工真实地感受到你确实满意他的表现，而不是与他套近乎。如此，员工才会把你的表扬当成激励，对工作更加积极。

二是具体。要对员工所做的某件事有针对性地进行表扬，而不是笼统地说很好。

三是有建设性。指给员工提出的建议是有根据的，确实能起到提高与改进的作用。

2. 反面反馈

反面反馈一般是指出员工在此次考核中的不足之处，在给予反面反馈时，要注意以下四点（见图9-19）。

- A 具体描述员工存在的不足，对事不对人，只描述不作判断
- B 要客观、准确、不指责地描述员工行为带来的后果
- C 听取员工本人的看法
- D 与员工探讨下一步改进措施，形成书面内容，并经双方签字

图 9-19 反面反馈的注意事项

9.6 事后辅导：找原因，分析总结改不足

中层管理者实施考核工作的目的，是让员工了解工作目标与公司、组织之间的关系，反馈评价信息，促使员工发展提高，当员工意识到自身的长处与缺点时，就能了解如何才能提高自己的技能与素质。如此，中层管理者实行考核工作的目的才算达到了。所以，在考核的过程中，找出原因，分析总结员工的不足，对员工进行事后辅导以改正这些不足，是最为关键的一个环节。考核辅导可以发生在考核工作的过程中，也可以发生在考核工作结束之后。

9.6.1 辅导关注点：动力、能力、方法论

中层管理者要做好辅导的工作，就一定要在这三点上做文章——动力、能力、方法论。

1. 动力

辅导的第一个关注点就是要找到员工工作的动力在哪儿。比如，员工将来

想过上什么样的生活？他希望自己能升到什么样的职位，做什么样的工作？要做到这些，自己又欠缺了什么？如此，有了动力，员工才有改进的意愿。

2. 能力

有一个名词叫"高分低能"，意思是有些员工知识全面，"上知天文，下知地理"，考硕士、读博士都没什么问题，但是，在工作中却什么也不会。因此，中层管理者需要做的就是把员工的知识能力应用到工作中，将之化为工作能力。

3. 方法论

方法论是什么？工具、指南、流程、标准等都是方法论。比如人事招聘有方法论，做市场调查也有方法论，做客户满意度调研有方法论，做销售同样有方法论。而且，每做一件事也肯定有一定的流程。所以，中层管理者在给员工做考核辅导时，关键就是把工具、指南、流程、标准等方法教给他，让其在短时间内就能提高工作效率。

9.6.2 鱼骨分析法：层层推进，层层分析

要做好"动力、能力、方法论"的文章并不容易，关键就看中层管理者能不能从海量的考核数据中找出让员工有动力的方法，发现员工的能力，最后给出有实效的方法。鱼骨分析法是很好的分析原因、得出结论的专业工具。鱼骨图是由日本管理学大师石川馨创造的，是一种发现问题根本原因的方法，也可以称之为因果图。那么，中层管理者又该如何利用鱼骨分析法做好分析总结的工作呢？

比如某公司通州区三店，该店在2017年的销售成绩非常出色，但是，从2018年1月开始，销售成绩就直线下降。其通州总店负责人为了找出原因，给予通州三店有效辅导，就通过鱼骨图分析了原因（见图9-20）。

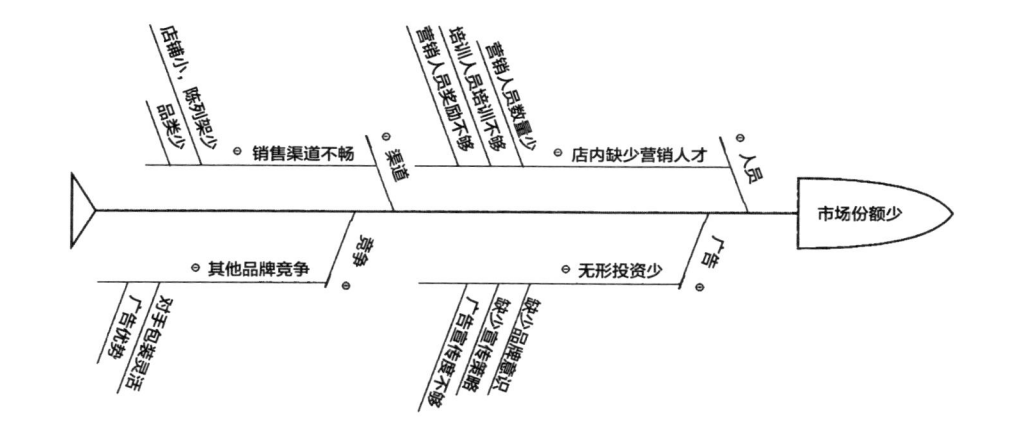

图 9-20　某公司通州总店负责人制作的鱼骨分析

用鱼骨图找出原因后，通州总店的负责人针对这些原因设计了一个改进方案，帮助通州三店的店长提高业绩。首先，针对人员问题，先要求店长招聘新人，再从其他店调派两名资深员工，帮助三店店长训练新人，然后制定新的薪酬制度，提升薪资对员工的吸引力；其次，针对广告问题，从通州总店拨款，加大广告宣传；再次，针对渠道问题，因新址不好找，日后计划是否可就近扩大店面；最后，针对竞争问题，改进包装，加大广告投入。

中层管理者可以学习案例中的方法，分析员工考核成绩不佳的原因，并针对原因提出改进建议。

1. 鱼骨图的制作方法

鱼骨图的制作方法可分为五个要点：（1）针对问题点，找出层别方法；（2）按头脑风暴找出所有可能的原因；（3）将找出的各要素进行归类、整理，明确其从属关系；（4）分析并找出重要原因；（5）检查各原因的描述方法，确保简洁明确。

2. 鱼骨图的使用步骤

鱼骨图的使用可以分为八个步骤：（1）确定要解决的问题；（2）把问题写

在鱼骨图上；（3）与被考核者共同讨论问题出现的可能原因，并尽可能多地找出问题；（4）把问题分门别类，在鱼骨图上标出；（5）根据不同的问题询问被考核者意见，共同总结出正确原因；（6）任意找出一个问题，分析为什么会产生；（7）针对问题的答案，再询问原因；（8）列出这些问题的原因，并针对每个问题给出解决办法。

第10章
激励机制：激发工作动力，提高工作效率

著名管理顾问尼尔森认为，为顺应未来趋势，每个管理者都应立即根据自身的条件、目标与需求，设计出一套低成本的"激励员工计划"。在尼尔森看来，员工的工作积极性，绝不会只来源于高薪，关键是看这个公司、这个组织有没有一套完善的激励机制。

10.1 没有胡萝卜，连驴子也不会卖力干活

中层管理者管理一个组织，除了可以利用制度考核来管理员工，激励也是必不可少的。要知道，员工不但需要管理，更需要激励，一个有效的激励机制，远比一个严格的管理制度要有效得多。没有激励这个"胡萝卜"，别说是员工，就是驴也不会卖力干活。

那么，到底什么是激励机制呢？激励机制是指在组织系统中，中层管理者利用各种激励手段鼓励下属，并使手段规范化、相对固定化，与被激励的员工相互作用、相互制约的结构、方式、关系以及演变规律的总和。

10.1.1 激励机制的作用

为什么中层管理者要建立一套完整的激励体系？这不是上级领导的事情吗？实际并不是如此，激励机制的作用很大，它不只可以应用到整个公司中，也可以应用到中层管理者所管理的小组织中。总的来说，激励机制可以分为两个方面。

1. 助长作用

激励机制对员工的某种符合期望的行为具有反复强化的作用，激励机制的惩罚措施对不符合中层管理者期望的员工行为起约束作用。在激励机制的作用之下，组织才能够不断地向前发展。

中层管理者需要明白一点，如果想让激励机制发挥它的助长作用，那么就一定要找到员工的真正需求，并将满足员工需求的措施与组织目标的实现有效地结合起来。

2. 致弱作用

因为激励机制中存在去激励因素，中层管理者对员工所期望的行为并没具体显现出来，所以使激励机制具备了致弱的作用。尽管中层管理者的初衷是希望通过激励机制调动员工工作的积极性，实现组织的目标，可因为激励机制的

不够完善或不具可行性等，有时也会对部分员工的工作积极性产生抑制与削弱的作用。

一旦致弱作用在组织中处于长期主导地位，组织的发展必然会受到限制。所以，中层管理者在设计激励机制时，对于存在致弱作用的激励机制，一定要注意其中是否存在"去激励因素"，将之根除，并换以有效的激励因素。

10.1.2 激励理论的三个类型

从心理学的角度分析，激励理论可以分为三大类型（见图 10-1）。

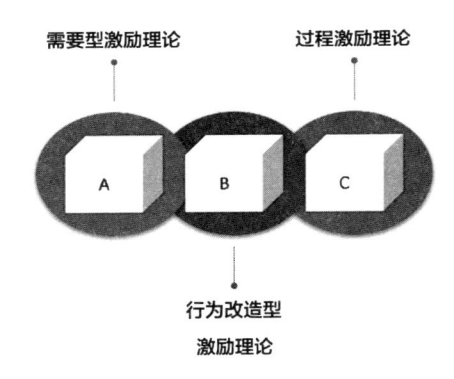

图 10-1 激励理论三大类型

1. 需要型激励理论

其主要内容是考查员工的心理性质与需要，主要研究对象是人的心理动机及需要。是针对人进行激励，满足激励对象的需求，使其在工作中有更好的表现。需要理论的核心点是员工的需要，如果中层管理者要对员工进行更深层次的激励，就要针对他们的需要进行更深层次的分析，找到员工最需要激励的点，制定出更为合理且更为员工所需要的激励手段。

2. 行为改造型激励理论

该理论的核心点是员工的行为修正，主要是以斯金纳的强化理论为基础理论。该理论是由美国的心理学家和行为科学家斯金纳、赫西、布兰查德等人提出的。该理论的观点是：人或动物为了达到某种目的，会通过某种行动作用于环境。当行为结果对他有利时，他以后就会反复出现这种行为；反之，这种行为就会减弱或消失。人们可以用这种正强化或负强化的办法来影响行为的后果，从而修正其行为，这就是强化理论，也叫行为修正理论。中层管理者可以通过正反两个方面的行为刺激，以奖罚分明理念为原则，针对员工做出激励，达到加强员工积极行为、减少员工消极行为的目的。

3. 过程激励理论

该理论的主要研究对象是员工的心理行为以及身体行为，通过研究激励理论的相关实施过程，从而达到激励员工的目的。中层管理者在选择激励方法时，应结合员工的兴趣以及心理需求，使激励效果加倍。

10.1.3 中层管理者普遍存在的激励弊端

伴随着激励机制的效果不断被验证，越来越多的中层管理者在工作中运用了各种各样的激励方法，但是，有些中层管理者的激励却没有取得预想中的效果。究其原因，是中层管理者在应用激励方法的过程中存在以下三大问题（见图10-2）。

A	B	C
激励方式太简单	激励制度没有持久性	激励机制反馈低

图10-2　中层管理者实行激励机制存在的三大问题

1. 激励方式太简单

中层管理者在实施激励的过程中，过于强调物质化与利益化的激励方式，没有从员工的兴趣与爱好出发。因此，员工的成就感、动力、自我价值体现等精神层次的需求就得不到满足，这对调动员工的积极性有着非常大的负面影响。

2. 激励制度没有持久性

有不少中层管理者在实施激励策略的过程中，没有考虑到方案的持久性，只看到眼前的效果。虽然运用了加薪等方式刺激员工，却没有采用员工工龄工资奖、员工持有股份等具有持久激励效果的手段。尽管中层管理者没有权力对员工运用这些激励措施，但是可以通过向公司提建议，以达到这个目的。

3. 激励机制反馈低

许多中层管理者在实施激励策略的过程中，只重视激励实施的过程，忽略了激励反馈效果。中层管理者在完善激励反馈的过程中，实际上是让员工明确自己的价值，提高自我成就感。但是，如果忽略了激励的反馈效果，就等于忽略了员工的精神需求。

10.2 物质激励：薪酬激励是最直接有效的手段

中层管理者要明白一个道理："员工做一份工作，除了是为了兴趣，更大的程度是为了生活。"所以，给员工一个能提升自身生活水平的激励，是最直接有效的手段，这就是我们常说的物质激励。

什么是物质激励？物质激励是指运用物质的手段让员工获得物质上的满足，从而让员工的工作积极性、主动性、创造性得到进一步提升。物质激励一般有薪酬、奖金、实物奖品等方式。它的出发点是关心员工的切身利益，不断满足员工日益增长的物质文化需求。

10.2.1 不同模式，不同效果

物质激励有很多种方法，一般来说可以分为个人奖励和组织奖励。

1. 个人奖励

个人奖励可以分为两种，分别是计件制与计效制。

计件制是一种非常简单的方法，计算过程非常简便，中层管理者易于掌握。其计算方式为应得工资 = 完成件数 × 每件工资。这种方法是把报酬与工作效率相结合，员工完成得越多，收入也就越高，这样就可以有效激励员工。计件制还可以分为以下两种（见图10-3）。

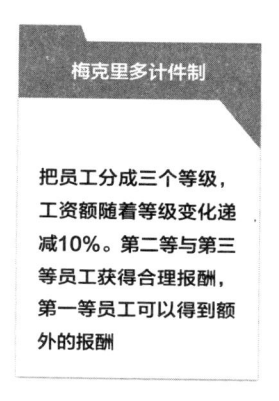

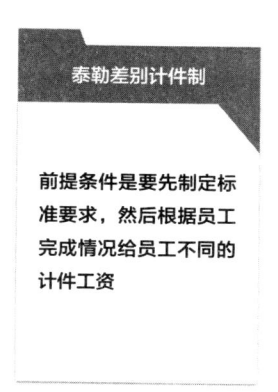

梅克里多计件制：把员工分成三个等级，工资额随着等级变化递减10%。第二等与第三等员工获得合理报酬，第一等员工可以得到额外的报酬

泰勒差别计件制：前提条件是要先制定标准要求，然后根据员工完成情况给员工不同的计件工资

图10-3　计件制的两大类型

计效制是根据任务完成的质量来进行物质激励的一种计算方式，这是为了弥补计件制侧重任务数量，而忽视任务质量的情况而出现的。计效制可分为三种形式（见图10-4）。

A. 标准工时制　　B. 哈尔西50-50奖金制　　C. 罗恩制

图10-4　计效制的三种分类

类别一：标准工时制。这种激励方式是以节省工作时间的多寡来计算员工应得的工资。当员工的生产标准超过了既定标准时，中层管理者就可以按照超出的百分率给予不同比例的奖金。

类别二：哈尔西50-50奖金制。这种物质激励的方式是员工和公司分享成本节约额，一般是按照五五分账。比如说，员工如果是在低于标准的时间内完成工作，其获得的奖金是节约工时的工资的一半。计算公式为 $E = T \times R + P \times (S-T) \times R$。其中 E 代表收入，R 代表标准工资率，S 代表标准工作时间，T 为实际完成时间，P 代表分成率，一般为二分之一。

类别三：罗恩制。这种激励方式也是以奖金为核心，但是其奖金水平并不固定，是依据员工所节约的工作时间占标准工作时间的百分比进行计算。其公式为 $E = T \times R + [(S-T) \div S] \times T \times R$。

2. 组织奖励

组织奖励可以分为两种：

类别一：斯坎伦计划。其目的是减少劳动力成本，但又不影响公司的正常运营。它是以员工工资与公司销售收入的比例为奖励的主要依据，是激励员工增加生产以降低成本，让公司与员工共赢。

其基本计算公式如下：奖金 =（单位销售收入工资含量标准 − 实际单位销售收入工资含量）× 销售收入 × 分配系数 =（按标准计算的工资总额 − 实际工资总额）× 分配系数。

类别二：克拉克计划。其基本假设是员工的工资总额保持在工业生产总值的一个固定水平上，主张研究公司的历史记录，以其中工资总额占生产价值的比例作为标准比例，以此来确定资金数目。

10.2.2 与相应的制度做结合

中层管理者在对员工实施物质激励时，要与相应的制度相结合。因为制度是目标实现的保障，同时也是物质激励有效实施的保障。所以，中层管理者需要建立一套相应的制度，创造相应的氛围，避免因物质激励而产生矛盾，让员工能以最佳的效率为实现工作目标多做贡献。

朴敏君是韩国三星公司在济州岛销售部的部长，她在实施物质激励时，就会注意这个问题。在实施物质激励之前，她会先制定好相应的制度，该制度被员工所接受后，再实施物质激励。她认为，如果物质激励只是靠员工完成工作目标后的"一时冲动"，想起来就奖励一下，想不起就算了，是很难达到激励效果的。

10.2.3 避免"平均主义"

美国心理学家亚当斯根据调查得出一个结论："一个人对他所得报酬满意与否，并不是看绝对值，而是看相对值。"简单地说，就是和他人进行比较。通过比较，判断自己是否受到了公平公正的对待。所以，中层管理者在做物质激励时，必须做到公平公正，避免平均主义，否则必然会影响员工的情绪与工作态度。

朴敏君在这一点上也做得非常好，除了制定相应的制度，对所有员工也都一视同仁，按统一标准奖罚，绝不会因为自己的个人观点而影响奖励的多寡。表现越优秀的员工，得到的奖励越多，绝不搞平均主义。

10.2.4 注意激励时间

中层管理者在进行物质激励时，一定要注意时间问题。

1. 时间频率

除了要根据工作目标的完成度进行激励外，在没有特别任务的情况下，最好2到3个月就要激励一次。但具体的时间频率，中层管理者可根据实际情况制定。除此之外，还要注意时间的对应性问题。时间过长，会产生激励效果疲劳；时间太短，则会导致激励成本过高，同时也会降低激励的效果，让员工产生激励综合征，导致行为、效率低下。

2. 节点激励

中层管理者在传统节日时，需要对员工进行物质激励，如春节、中秋、端午。但现在的人越来越注重西方节日，如情人节、母亲节、圣诞节。所以，在这些节日时，也需要对员工进行激励。

在进行物质激励时，还要注意针对不同节日的特点和人群喜好的特点，采取多形式、丰富的物质激励方式。如中秋节，除了现金，还可以送月饼；如情人节，则可以赠送员工巧克力、玫瑰花；如圣诞节，则可以请员工吃一顿圣诞晚餐。

10.3 精神激励：信任、乐趣、潜能、规划

精神激励也可称为内在激励，是指精神上的无形激励，其形式包括授予员工权力，认可员工的工作，给员工提供公平、公正的晋升制度，为员工安排培训和发展，给他们提升自己的机会，根据每个员工的特点制订适合他们的职业发展规划。精神激励是中层管理者用思想教育的手段调动员工工作积极性、主动性与创造性的有效方式。

10.3.1 给员工充分信任

有不少中层管理者认为员工是为自己工作的，他们来到公司也只是为了一份工资，考虑事情的角度都是从自己个人出发。所以，不管是在工作，还是在日常的生活中，他们对员工都表现出一种怀疑、防备的态度。这是极为错误的想法。

员工到公司工作，除了获得工资，也是为了实现自我价值。除此之外，每个人都知道"覆巢之下无完卵"，只有公司好了，自己才能更好。一般情况下，员工不会对公司做出不利的事情。所以，管理者一定要对员工多一点信任。

而且，任何事情都是相互的，如果你给员工充分的信任，员工自然也就会信任你、信任组织，从而更认真努力地工作。

美国惠普公司在这一点上就做得非常出色，惠普公司除了以卓越的业绩闻名于世，更以对员工的尊重与信任而闻名。

杰森是惠普旧金山分部的经理，在他的管理下，惠普在旧金山分部存放电器与机械零件的实验室备品库是全面开放的，他甚至鼓励员工在公司和家里任意使用这些零件。

杰森认为："不管员工拿这些零件去做些什么，反正他们使用这些东西总会学到东西，而这些学到的知识都能应用在工作上。"

同时，他也没在公司记录考勤。每个员工都可以按照个人习惯灵活上下班。他相信，员工总会做好自己的工作。在能完成工作的情况下，何不给予他们绝对的自由呢？

10.3.2 创造工作乐趣

人生的本质在于寻找一种快乐的满足，职业的本质也是如此。所以，如果中层管理者能给员工在工作上创造各种各样的乐趣，比如给员工创造工作上的成就感，那么，员工的工作积极性肯定能得到极大提高。中层管理者可以经常邀请员工参与不同类型的工作小组，大家共同进行讨论交流。每个人都有自己擅长的领域，这种机会可以有效地激发员工的潜能，员工的工作积极性也能更高。

在这一方面，丰田公司一直都做得非常出色。1951年，丰田英二担任丰田汽车公司总经理后，推出了"动脑筋创新"的工作制度，大大调动了大家工作的热情。

其实，这个制度，丰田英二在担任部门主管时就已经开始实施，而且取得了非常不错的效果。在组织内成立"动脑筋创新委员会"，要求每一位员工都要加入这个委员会。不管是谁提出了新的想法和观点，每个员工都要参与讨论。他在自己所在的部门设立了建议箱与"建议商谈室"，其建议的范围包括机器仪器的设计、作业程序的改进完善、材料消耗的评估节省等。员工提出新建议后，大家就会在"建议商谈室"里进行讨论。

丰田英二利用这个制度了解到员工们的真实意见，也能及时了解员工掌握技术能力的程度。而员工们也利用这个制度找到了工作的乐趣，让自己的能力得到充分展现,还感受到工作带给自己的巨大的精神满足。

10.3.3 激发员工的潜能

中层管理者在管理员工的过程中,可能常常遇到这样的困惑:一些本来在自己组织表现非常差的人,到了其他组织却表现得非常出色。为什么会出现这样的情况?其实就是因为中层管理者不懂得激发员工的潜能,让其获得对自身认可的满足感。

每个人都有自我激励的本能,中层管理者要做的就是利用这一点去激发员工的潜能。要做到这点,第一步是清除组织里阻碍员工自我激励的负面因素;第二步是在组织中去开发真正的激励因素,引导员工激发出自身的潜能。除此之外,还要做到以下三点(见图10-5)。

PART 1	PART 2	PART 3
创造一个好的工作环境	设计一套好的激励机制	不断向员工卖梦想

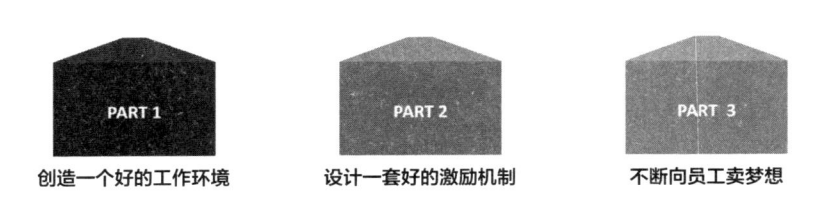

图10-5 激发员工潜能需做到的三点

1. 创造一个好的工作环境

好的环境才能让员工更有兴趣去工作。环境包括办公条件、生活环境以及营造好的工作氛围。一个公司、一个组织,如果工作环境都无法满足员工,是很难做出好成绩的。

2. 设计一套好的激励机制

激励机制是提高员工工作激情最有效的手段之一。除了要创造一个好的平台让员工去工作外,还要保证奖优罚劣,多使用一些杠杆措施,调动员工的工作激情。

3. 不断向员工卖梦想

梦想其实就是一个方向，中层管理者可以多向员工描述美好的未来，调动他们为未来奋斗的激情。要相信，很多人不单单是为薪水而工作。

10.3.4 为员工做职业规划

中层管理者要主动为员工做职业规划，让员工看到未来的希望。中层管理者可以推出员工发展计划，其计划的内容包括：专业个人咨询、绩效管理咨询、退休咨询。

1990—1994年，美国航空行业每年的亏损额都在128亿美元左右，几乎每家航空公司都在亏损。但西南航空却是个例外，让人惊讶的是，西南航空一直坚持发售低价机票。那么，西南航空是如何做到赢利的呢？

这是因为西南航空有着业界最能干的组织，人均服务的旅客数量是其他公司的两倍，流动比率却是同行业最低。这为西南航空节省了大量的人力成本。航空业每年的流动人员大概是6.4%，替换一名机票代理或空中服务员需要花费6000到10000美元。因此，留住现有员工比替换新人更划算。而西南航空单凭这一条，就能使利润得到大幅提高。

西南航空留住员工的法则是："不解雇任何员工。"解雇员工只是一种短期行为，只有给员工长远的发展，让他们最大限度地采取自己喜欢的工作方式，包括工作时间的服装、发饰等，他们才愿意留下，也愿意更积极地工作。

10.4 期望激励：用未来提高工作积极性

期望激励，是将行为主义的外在激励与认知派的内在激励综合起来，因此，也称为综合型激励。该理论是行为心理学大师波特与劳勒在1968年提出的，他们认为，激励过程实质上就是外部刺激、个体内部条件、行为表现、行为结果这四个方面相互作用的统一过程。

他们认为现有绩效才能让员工获得满足，奖励是建立在绩效的基础上的，而人们对绩效与奖励的满足程度又反过来影响之后的激励价值。员工对工作的努力程度，是由完成该工作任务时所获得的价值与个人感到做出努力后可能获得的奖励期望值决定的。也就是说，对个体的激励价值越高，其期望值也就越高，则他完成工作任务的程度也就越大。

所以，中层管理者在实行激励的过程中，要注意让激励等于或者大于期望所获得的结果，如此，员工才能感到满足。员工越满足，对下一个工作的期待值也就越大；期待值越大，工作也就越努力。

10.4.1 搞懂内在逻辑，才能做好期望激励

中层管理者如果要运用综合型激励理论实施激励措施，那么，在具体行动之前，首先要明白该理论的内在逻辑，只有把内在逻辑搞清楚了，才能更好地运用它。

该理论勾勒出努力工作与取得绩效、获取奖酬、满足个体需要之间的内在联系。其逻辑关系是员工通过努力工作而获得良好绩效，良好的绩效给员工带来了相应的报酬，最终满足该报酬而产生满意感。

1. 员工的努力程度

员工的努力程度是指员工受到激励而由此产生的对工作投入的力度，其取决于效价与期望值两个关键因素。效价是指员工预计取得绩效后所带来的效用价值，也就是其感受到的意义。期望值则是指对达成绩效的概率估计。只有当员工对某一行动的绩效的效价和期望值处在一定水平时，才能促使员工对工作产生强大的驱动力，并为此尽自己最大的努力，以达成期望的目标。

2. 工作绩效

工作绩效则是指员工的工作表现以及所获得的成果。其除了受个人努力程度这个主要因素影响之外，还会受个人能力与素质、工作条件、角色感知的制约。这三者将对是否能取得预期绩效有着非常重要的影响，同时也会在一定程度上影响员工对期望值的判断。

3. 奖酬

奖酬则是指员工取得工作绩效后所获得的报酬，由内在奖酬与外在奖酬两个部分组成。前者是指员工在工作过程中获得的体验，如工作乐趣、成就感等，是一种内在性的报酬；后者是指员工达成工作目标后，公司给予的物质报酬，是一种外在性的报酬。

4. 满意度

满意度是指员工取得预期结果时所体验到的满意感觉程度，其不仅由实际获得的报酬所决定，还取决于员工对一定水平工作绩效所预期的奖酬的影响。员工只有在经过纵横向的比较后，感到付出与所得相当，才会感到满意。而这种满意感会影响员工下一个工作阶段的努力程度。

10.4.2 三大技巧，期望激励不难

在使用期望激励这方面，MTW 公司一直是行业内学习的楷模。MTW 公司 1996 年的销售额才 700 万美元，但到了 2000 年，就达到了近 4000 万美元。之所以能在短短的四年间有如此迅速的进步，就是因为该公司执行了与员工签订的"期望协议"计划。该计划是由其总裁爱德·奥西提出的。

其实，在爱德·奥西还未担任总裁，只是个部门经理时，就在自己的部门实行了"期望协议"计划，并且取得了非常不错的效果。在奥西看来，"期望协议"最大的价值就是换位思考。在这个过程中，员工与上司都要说出自己的目标，例如员工希望得到什么样的报酬，那么，上司给予这个报酬后，员工就需要达成什么样的工作绩效。期望协议的内容既包括个人目标，也包括公司、组织的共同目标。

奥西的员工乔治的期望协议内容是："想获得公司支持，丰富自己关于软件市场方面的经历；想参加培训，让自己变得更加专业；想多参加相关协会，丰富自己的行业知识。"奥西赞同并支持他的这些期望，并以同样具体的条件去要求他。比如，奥西让他与组织配合在限定时间内重新设计和部署公司的网站；写出三篇关于 MTW 的文章，然后六个月内发表。

"期望协议"是双向并持续前进的，会随着员工的职业发展不断去改进"期望协议"的内容。每半年就要对其进行一次回顾，并进行修改。

有不少中层管理者虽然知道期望激励能给自己的激励工作带来不小的正面作用，但却不知道如何去运用它，认为把理论转化为实践行动存在着一定的难度。其实，这并不难，只需要掌握一定的技巧（见图10-6）。

明确工作与奖酬关系

管理员工的"期望"

强化内在奖励

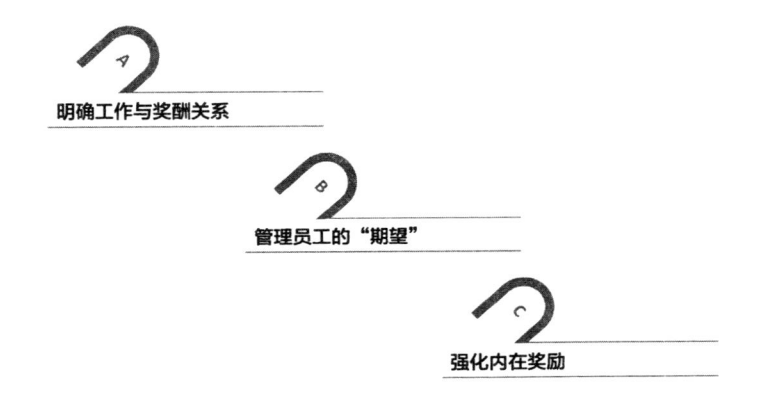

图10-6 运用期望激励的三大技巧

1. 明确工作与奖酬关系

中层管理者实施激励的目的是激发员工的工作积极性，鼓励员工做出绩效，获得奖酬，满足其个人需要，并在这个过程中完成公司或组织的目标。要达到这个目的，中层管理者首先要明确工作与奖酬的关系。要把绩效与奖酬挂钩，给员工树立起"多劳多得，干必有果，有果必有得"的信心。如果只要求员工做出贡献而没有行之有效的物质与精神上的奖励，那么，久而久之，员工的工作积极性就会消退。

2. 管理员工的"期望"

效价与期望值是影响员工努力的两大因素。效价越高，对员工的吸引力就越大，而员工的努力必然也与其期望有关。因此，中层管理者要管理好员工的期望，需要做到以下两点。

第一点，要关注和了解员工的心理期望，没有期望，自然也就没有了动力。如果员工缺乏应有的期望，就要运用各种手段，去激发、引导他们的期望，让其个人追求的目标与公司的目标融为一体。在员工达成绩效、实现目标、满足需要的过程中，推动公司发展。

第二点，要对员工的期望值进行引导调控。激励力量与效价、期望值是成正比的。效价再高，但是期望值却很低，那么，激励的力量就会减弱，反之亦然。

因此，中层管理者要把员工的期望值调控在一个适当的水平。因为过高，会让员工失望，产生挫折感；过低，则无法激发员工的潜力。

中层管理者可以通过比较、事例分析，引导员工客观评估与把握自己的期望值。除此之外，还要注意对员工的期望值实行差异化、个性化的设计与管理。

3. 强化内在奖励

日本著名企业家稻山嘉宽说过："工作的报酬就是工作本身。"其意思是说，相比于物质上的外在报酬，精神上的内在报酬更加重要。因为，功利、物质的刺激可以激发员工一时的积极性，但不是永久的。所以，中层管理者要给员工创造一个能从工作中争取内在报酬的环境。

比如：通过宣传手段，向员工传达该项工作任务的价值；通过精心设计，给员工一个富有挑战性的工作；通过合理筹划，让员工的工作内容丰富且有创造性。如此，既可节约管理成本，又能使员工获得较好的满意感，从而提高员工的工作积极性。

10.5 满足激励：让激励与保健双因并行

满足激励，其实就是员工对工作是否满意，提出这一概念的是美国行为科学家弗雷德里克·赫茨伯格。20世纪50年代，赫茨伯格对200名工作者进行了调查，围绕在工作中哪些事项让他们感到满意、哪些事项让其感到不满意等问题，提出了一个"激励保健理论"。在调查中，他发现让员工感到满意的都是属于工作本身或者工作内容方面；让其不满意的，大都是因为工作环境与工作关系。因此，他把前者称为激励因素，把后者称为保健因素。

保健因素包括公司政策、管理措施、监督、人际关系、物质工作条件、工资、福利等，当这些因素达不到员工可以接受的标准时，就会让员工对工作产生不满意。激励因素包括成就、赏识、挑战性的工作、增加的工作责任、成长与发展的机会。如果这些因素具备了，就能让员工感到满足，其工作积极性也得到进一步激发。

10.5.1 两种做法，直接调动工作积极性

根据赫茨伯格的理论，在对员工进行有效激励、提高其工作积极性时，可以采取以下两种基本做法。

1. 在工作任务内满足员工

在工作任务内让员工得到满足，简单地说，就是直接满足。它是一个人通过工作所获得的满足，这种满足是通过工作本身与工作过程中人与人的关系得到的，可以让员工在工作中学习到新知识、新技能，让其对工作产生更大的热情与兴趣。

该种激励方式，虽然用时较长，但员工的积极性一旦被激发起来，不仅可以迅速提高生产效率，还能够持久。

2. 在工作任务外满足员工

在工作任务以外满足员工，也可以称之为间接满足。这种满足方式不是建立在工作本身，而是在工作任务完成以后，比如职位晋升、荣誉嘉奖或者物质报酬等。间接满足虽然也与员工承担的工作有一定关系，但毕竟不是直接式的，因而有一定的局限，可能会让员工感到与工作本身没什么关系，从而不在乎。这种激励方式可以有效提高员工的工作效率，但是不具备持久性。如果把握不好，还可能产生负面影响。

10.5.2 运用：三种方法，激励效果翻倍

美国阿肯色州的长途货运公司曾遇到"卡车司机短缺"的问题。很多人都认为该工作单调乏味、节奏太快。即使从事了该工作的，也有30%的人在一年内辞职。劳工不足带来的影响是"在职员工工作时间大量超时"，而这又形成了一种恶性循环，感到工作时间太长的工人又会提出辞职。

对此，公司高层提出了很多方案，但问题始终无法得到解决。就在公司高层苦恼不已时，其人才部门的经理雪莉提出了一个方案。雪莉直接去找公司的600名司机，征求他们对降低流动率的建议。由此，雪莉从卡车司机身上得到了大量的信息。他们认为给的工资实在太低了，如果只是按规定的时间工作，每个月得到的工资低于司机行业的平均水平；但是，如果要想得到超过平均水平的工资，就需要付出更多的时间，每周至少要工作70个小时，且大部分的时间都花在路上。他们在运输过程中无法得到好的休息，回家的时间也因此变得更少。

雪莉针对这个问题，并在结合司机建议的基础上，设计了一个方案。计划在阿肯色州的西曼菲斯市终点站建立司机住宅区，每家配置私人浴室，让司机从环境中得到满足。如果司机接到横跨全国的长途运输任务，就把出差时间从每星期6次减为2次，但是，司机在路上的时间需要增加。这样，司机就能有更多回家的时间。

雪莉的方案得到了认可，并迅速在公司内实行。经过一段时间的验证，司机的流动率确实降低了。

从案例中可以得知，雪莉的方案之所以降低了阿肯色州长途货运公司司机的流动率，就是采取了赫茨伯格的双因素理论。先用高工资这个"保健因素"来消除员工的不满；再用"激励因素"，如满足司机对环境和对回家的需求来给员工带来满足感，使其能更积极努力地工作。

但并不是所有的中层管理者都能够像案例中的雪莉一样成功运用双因素理论，而这就涉及技巧掌握的问题。总的来说，双因素理论的运用技巧，包括以下三个方面（见图10-7）。

```
         ┌───┐  分清激励因素与保健因素
         │ A │
         └───┘
           │
           ▼
先用保健，再用激励  ┌───┐
         │ B │
         └───┘
           │
           ▼
         ┌───┐  把奖金与工作绩效相关联
         │ C │
         └───┘
```

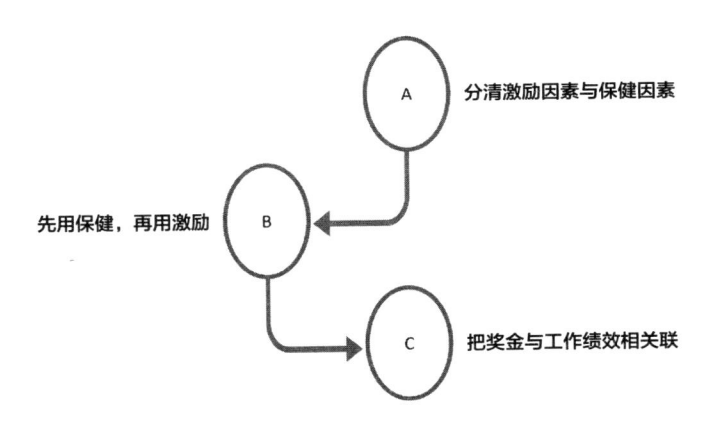

图 10-7　双因素理论的三大运用技巧

1. 分清激励因素与保健因素

该理论的核心是只有激励因素才能给员工带来满足感，而保健因素只能消除员工的不满，但不会带来满足感。就像案例中的司机一样，高工资消除了他们对低工资的不满，但是，高工资无法让他们得到满足，因为需要付出更多。因此，如何判断激励因素和保健因素并"因材施教"，成为成功运用该理论的关键。

例如，从双因素理论的角度去分析销售员的工资设计，其可以分为基础工资与销售提成两个部分。基础工资可以看作是保健因素，销售提成可以看作是激励因素。对于销售员而言，在一般情况下，其薪资模式是"低工资高提成"，如此就能促使销售员更努力地工作。

需要注意的是，每个公司、每个岗位对激励因素与保健因素的要求是不同的，中层管理者要根据实际情况来划分。

2. 先用保健，再用激励

中层管理者在激励员工的过程中，要先运用保健因素，以此来消除他们的不满，然后再用激励因素激发他们的工作积极性。如果只考虑到其中之一，就无法做好激励。因此，中层管理者要明白，在激励过程中，保健因素与激励因素缺一不可。

3. 把奖金与工作绩效相关联

中层管理者如果想让奖金成为激励因素，就必须把奖金与工作绩效相关联。否则，就会使奖金成为"大锅饭"。一旦奖金变成"大锅饭"，奖金发得再多，也难以起到激励作用。

10.6 挫折激励：做"被打的亚当斯"

挫折激励来源于美国亚当斯提出的"挫折理论"，是指人的动机行为受阻而未能满足需要时的心理状态，并由此而导致的行为表现。根据不同人的心理特点，受到挫折后的行为表现主要分为两种情况：一是采取积极进取的态度，如受到挫折后更努力工作；二是消极态度，比如对抗、消极怠工等。

因此，在管理工作中，中层管理者要懂得分清员工对待挫折的态度，什么人可以利用挫折，使之更努力地工作；什么人要少责备多鼓励，避免其产生消极态度。

10.6.1 主动给挫折，用批评激励员工

中层管理者进行挫折激励的目的，是想让员工遇到挫折后可以用更积极的态度面对自我、检查自我、完善自我。因此，中层管理者在管理过程中，可以主动给挫折，使其能不断完善自我。需要注意的是，这是建立在员工的性格是越挫越勇的基础上。

中层管理者可以利用批评的方式给员工挫折，但是，需要掌握一定的技巧（见图10-8）。

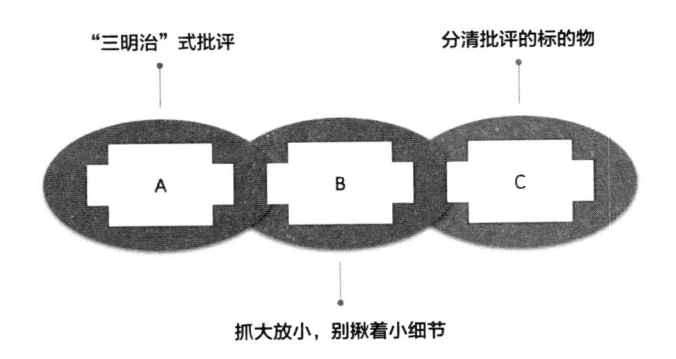

图 10-8 批评员工的三种技巧

（A．"三明治"式批评；B．抓大放小，别揪着小细节；C．分清批评的标的物）

1. "三明治"式批评

中层管理者可以对员工先表扬，再批评，然后再表扬。这种批评方法不是一味地批评，而是让批评夹在表扬中。这样就可以让员工受到的冲击小一点，但同样能达到批评的效果。

如某公司生产部门的经理，因为某生产车间的产品质量合格率连续几个月下降，经理找到车间主任进行了批评，其采取的就是"三明治"式的批评方式。

该经理是这么批评的："以前你这个车间一直是其他车间的榜样，产品合格率达到99%。为什么这几个月的产品合格率降到了90%，直接排名垫底？如果继续这样，不只你有问题，客户也可能会抛弃我们。所以，我希望你能好好检讨一下。我相信以你的能力，合格率一定会恢复到以往水平的。"

2. 抓大放小，别揪着小细节

中层管理者在批评员工时，要懂得"抓大放小"，不要总盯着一些细枝末节。否则，不但起不到挫折激励的效果，还会让员工觉得你是"在鸡蛋里挑骨头"，故意找他的麻烦，从而产生对抗情绪。

那么，什么是大、什么是小呢？大是指原则、价值观、绩效目标，如果这些违背了，中层管理者就要严肃批评。小则是指员工自己的习惯、想法、思路等小细节。

3. 分清批评的标的物

中层管理者在批评员工前,要明确批评的目的。是针对员工对某项重要任务所犯的一次性错误,是不当的工作方式,还是不佳的工作态度?弄清楚为什么而批评,而不是只发泄自己的情绪,才能提高员工的工作积极性。

10.6.2 把挫折变成鼓励,让员工成长

前文有述,有些人在面对挫折时,会对工作采取消极的态度。对于这种员工,就不能进行过多批评,反而要多加鼓励。但是,在工作的过程中,难免会遇到一些问题。此时,中层管理者就要懂得如何帮助员工把挫折变成鼓励,避免其产生消极态度。

在这一点上,在英国爱易思担任行销经理的吉尔就做得非常好,不管是其上司还是员工,大家都评价他是一个非常好的主管,他非常擅长把员工遇到的挫折变成鼓励。那么,他是如何做的呢?吉尔采取了两种方式。

1. 防患于事前

吉尔认为:"当员工遭受到挫折后产生的消极情绪,可能会给工作带来很多负面影响。"面对这种情况时,吉尔一般会事先考虑到防范措施,制定必要的应急与补救对策(见图10-9),先把这种风险杜绝。

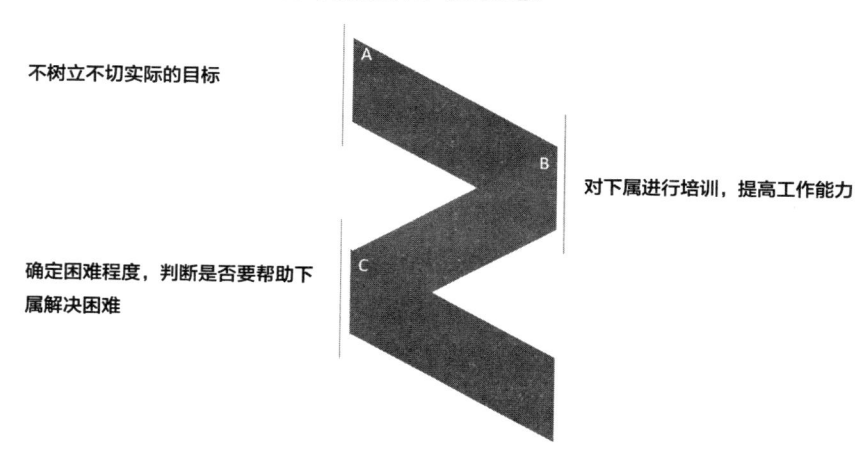

A 不树立不切实际的目标

B 对下属进行培训,提高工作能力

C 确定困难程度,判断是否要帮助下属解决困难

图10-9 防患于事前的三种措施

2. 除患于事后

吉尔认为："作为一名中层管理者，应及时察觉员工在遇到挫折后的紧张与焦躁，并主动消除它。"一般他会采取三个措施。首先，主动承担责任，消除员工的思想顾虑；然后，给他们真诚的关心、劝慰以及鼓励；最后，帮助员工总结教训，分析原因，摆脱困扰。

吉尔的方法非常值得学习，中层管理者们可以在借鉴的基础上，结合自己的想法与实际情况，把员工遇到的挫折变成鼓励员工的一次机会。

享讀者
WONDERLAND